张基广 主编

和孩子们在一起

长江出版传媒
湖北教育出版社

图书在版编目（CIP）数据

和孩子们在一起 / 张基广主编. -- 武汉 : 湖北教育出版社，2019.03
ISBN 978-7-5564-2610-2

I.①和… II.①张… III.①教育工作 IV.①G4

中国版本图书馆CIP数据核字(2018)第220524号

和孩子们在一起
HE HAIZIMEN ZAI YIQI

责任编辑 杨 浩 黄烨祁
装帧设计 曾娥梅
出版发行 长江出版传媒 430070 武汉市雄楚大街268号
湖北教育出版社 430070 武汉市雄楚大街268号
网 址 http://www.hbedup.com
印 制 武汉鑫金星印务股份有限公司
经 销 新华书店
开 本 787mm×1092mm 1/16
印 张 16.5
字 数 220千字
版 次 2019年3月第1版
印 次 2019年3月第1次印刷
书 号 ISBN 978-7-5564-2610-2
定 价 42.00元

目录

第一章 自然

第二章　从容

第三章　本真

第四章 看见

第五章　探索

第六章 生长

第七章　点燃

第一章 自然

教育要坚守让儿童自由生长的基本规律。

“越来越好”章

王 燕

二年级有位小男生，上课时，如果老师没有点他回答问题，他会即刻号啕大哭；课间，他和小伙伴发生了矛盾，也会边哭边嚷嚷，不肯罢休……他只要一不如意，就会闹得整个班鸡犬不宁。即使你试图劝慰他，或者威慑他，让他就此打住，你也会徒劳无功、尊严扫地。这样看来，这还真是个棘手的孩子！遇到这样棘手的孩子，该怎么办呢？

二年级有位智慧的班主任老师在这个“犟孩子”情绪失控的时候，会牵着他到一个安静的空间，让他把难以控制的坏情绪排解掉，还会抱抱他，轻轻拍拍他因抽搐而一起一伏的背，拍着，拍着……哭声渐渐止住了，“犟孩子”开始自己开导自己……这位智慧的班主任老师说：“如果在他情绪失控的时候，想要用教师的权威，让他即刻听话和控制住自己的情绪是很不明智的，也是几乎不可能办到的。他只是自我调控、管理情绪的能力比较差，加上又是个小小完美主义者，所以经常会失控，把坏情绪排解掉就好了。”

真的就如班主任老师所说，其实这个小男生并不是个坏孩子！他会为了作业没写漂亮而烦恼，会为了班级输掉比赛哇哇大哭，会为了没抢到答题机会郁闷万分……他和老师聊天时说：“我希望老师有一枚‘越来越好’表扬章！因为我犯错以后很紧张，做作业的时候也很紧张，老是担心做错，结果就真错了。要是老师有‘越来越好’表扬章就好了，我就可以一点点进步！”于是老师多了一枚“越来越好”表扬章，专门颁给那些一点点不断向前进步的孩子们！其实孩子们自有成长的方向和速度，我们何必那么着急？

二年级还有个小女生，课堂上默默地，从不吱声。班主任老师特别留意她的胆小，特意把最简单的问题留给她，并亲切地弯下腰，再三鼓励，希望她能勇敢地回答，勇敢地参与学习活动。可是一个多学期过去了，学习的过程中，有那么多需要与人交流的时候，有那么多需要大声朗读、放声歌唱的时候，老师和同学们都不曾听到过她的声音。小小的她，静静地生活在这个班集体里，让你几乎忽略了她的存在！

班主任老师只能先暂时冷静下来，默默地留心观察她，在她字迹工整地完成作业时，在她认真当好值日生时，在她克服困难一次又一次地练习跳绳时……及时地给她颁发“越来越好”章，肯定她克服困难的勇气，为她战胜困难取得的每一点进步点赞。班主任老师还会不动声色地帮助她找到可以一起玩耍的小伙伴，把鼓励、掌声适时地送给她。六一儿童节到了，全班同学要一起表演节目，班主任老师把小女生最喜欢的角色分配给她。这不，舞台上，我们看到了她快乐、自信的笑容！从那以后，我们终于等到她主动敞开心门，愿意和老师、同学交流……

大树有大树的高瞻远瞩，鲜花有鲜花的芬芳美丽，小草有小草的坚强不屈……它们都有一颗向往阳光的心，也各有自己生长的规律。教育，顺其自然就好！

没办法让你爱上吃饭……可是，我可以想办法让你多吃一块饼干。

21块饼干

杨 英

在我的老家，人们见了胖胖的新生儿总会由衷地赞叹一番："哎呀，宝宝长得真好！"夸孩子长得结实有福气。如果碰到一个瘦瘦小小的婴儿，人们又转换思路很自然地宽慰母亲："这孩子肯定是长心去了。"意思是瘦宝宝的营养都长在看不见的地方，将来会是个聪明孩子。

我们班也有一个"长心"的孩子，功课和体育都好，唯独不爱吃饭。每到午餐时间，他都味同嚼蜡，一副食不知味的模样。有些孩子不爱吃正餐，是因为惦记五花八门的零食，可这个"长心"的小男孩却对零食也同样心如止水，连带都很少带。一次偶然的聊天，孩子的妈妈说孩子"只对饼干还肯吃一点"，因此还特地为他去学了烘焙。我心里终于模模糊糊有了灵感。

一个月前的一个课间，我无意中看见他拿着包饼干，就故意装作在自言自语："哎呀，当老师好辛苦，改作业改得好饿啊……"果然，听到这话，他马上走过来递给我一块饼干。我一看，原本普普通通的巧克力曲奇上，放满了各种各样的坚果仁，简直把饼干"豪装"成了一块小型比萨——这哪里是饼干，分明就是一位母亲温柔而着急的心啊！我吃了一口，立刻说："哇，这也太美味了！谁做的？"大概班上的孩子都知道我不吃甜食，看到我夸张的反应，他有点受宠若惊，害羞地说是妈妈做的。我就跟他聊了几句，结束时问他明天还能不能给我分享一块这样的饼干，他高兴地答应了。第二天一到课间餐，他就主动把饼干递给我，我问他自己还有没有，如果只有一块，我是不能吃的。他得意地说还有，好像早就猜到了我会这样问。

从那一天起，只要是我的晚间课，他都会给我带一块饼干。我从不要求他多吃东西，只是跟他一起边吃边聊，谢谢他带来的美味，偶尔也问问他妈妈做饼干的情形。有时候没有我的晚间课，他会把饼干送到办公室来。

心理学家说，人要养成一个固定的习惯需要连续21天反复练习。我有时候会在心里略带惆怅又满含希望地算一算：我平均一周有两次晚间课，我至少还需要陪着他吃一个多月的饼干，希望心理学家没有骗我，等吃满21块饼干的时候，这个“长心”男孩也能长一点胃口。

打开你的心

余 洋

小Z是今年新入学的一年级新生，在入学后的第一节课上，我就关注到了他。他格外地安静，却不“安分”……

上第一节课时，同学们都在认真地听着我的每一个要求、每一句话，只有他，一个人，静静地——离开了座位。我用眼神示意他回到座位上，而他却无动于衷。我又不动声色地、悄悄地来到他的身边，轻轻地把他带回座位，可还不到两分钟，他又起身离开了……如此反复，这一节课下来，他已经在我的脑子里留下了深深的印象。

我以为他可能还不太清楚上课时的纪律与要求，下课后，又找到他，告诉他上课时该怎样做，而无论我说什么，问什么，他都是那样地沉默着，不看我，也不出声。接下来的日子，无论我怎样耐心地跟他讲，他都依旧如此。

转眼，学校的科技节即将到来，我正在操场上布置实验场地，一个小小的身影突然出现在了我的面前——原来是小Z。

“大家都在上课，你怎么一个人跑出来了？”我问。可是话一出口我就后悔了。问了也白问，他不会做任何回应的，而事实也的确如此。我直起身，轻轻地拉上他，把他送回了教室。然后，我又返回操场，继续着手里的工作。没一会儿，面前又闪过一个人影，这是上课的时间，今天怎么这么多学生跑出来，我正想问是哪个班的，仔细一看，又是小Z。

“现在是上课时间，我不是刚把你送回教室吗？”

沉默……

我担心他一个人在操场上乱跑会不安全，就试着把他留在我这里。

“你喜欢这里？”

点头。

他居然点头回应我了，我有点不敢相信，不会是错觉吧？但我还是看到了一线希望，于是又同他商量：“那你就在这里给我帮忙吧！”

“好！”

他说话了，我的天，虽然只有短短的一个字，但我已经很满足了。

于是，他留了下来，按照我的要求布置实验用具。我偶尔抬头看他，他是那样地专注，把每一项任务都做得一丝不苟。这是我第一次看到他不乱跑，可以停下来认真做完一件事的样子。原来……他喜欢科学实验。所以，我跟他约定好，科技节活动那天他不要乱跑，就来我这个展区。

后来每次上课，他虽然依旧安静，但自从科技节之后，在我上课时，他再没离开过他的座位。他常常盯着我看，却不说话。我也不强求他，只是时不时地摸摸他的头，跟他说一说他最近的变化，但一直都是我的“一言堂”。

有一天下午，我有事要提前离开学校。我开着车子往外走时，刚好在操场边看到他，我停下车子，跟他打了个招呼，他仍站在那没动，也没有什么表情。我缓缓地开动了车子，可看后视镜时，我意外地发现，他居然在追着我的车子跑，直到快要出校门时才停下来。

第二天，刚好是我值早班，我一如既往地与每一位进入校园的同学打着招呼，他出现在了我的视线里，我笑着看他，跟他问好。我看着他走进了校门。突然，他停了下来，转了个身，又站到我面前，像平常一样，盯着我看，然后微微地笑了。

“有事吗？”我问。

“……老师好！”

他在说什么？我没听错吧？他这是特意跑回来跟我问好的吗？在我还没反应过来之前，他已经跑向了教室。

这一声问候真的很暖心，那一天我都过得很开心。

教育的最大成功不就是打开一个孩子的心吗？用我们的耐心与爱心，从容地等待他自然地生长。静听花开，那一定是一首最动听的旋律。

在欢乐的水花里，我泪眼蒙眬。

毕业典礼上的泼水节

张 晶

张校长说:“咱们给孩子们留一个难忘的小学记忆，过一个特别的毕业典礼吧！”于是有了毕业典礼上的“泼水节”。

六月的早晨，艳阳高照。一大早，孩子们异常兴奋。班里几个顽皮的男生从我面前走过，对我做鬼脸，欲说还休。一个精怪的小女孩蹭到我跟前，吓唬我说:“张老师——我等会儿要泼您水哟。”我大笑，支吾了一下:“哈……好！不过……要手下留情哟！”

全校集中的毕业仪式结束后，各班就各自闹开了。楼上楼下，操场上，大厅里……尖叫声、欢笑声一片。我担心有突发状况，边转边看他们乐。

突然，几股水柱从天而降。竟是几个男生在楼上打了埋伏——“泼水节”已经被他们玩成了打水仗。我被水迷糊了眼睛，大叫。女生见状立刻围拢到我身边，用水枪帮我反击。“盛耀舜，你给我下来！”“秦诗涵！”……一片声讨声。

活动前我们对活动的意义做了介绍，“泼水节”是用水来表达情意的……更何况是群小男生，兴头上，哪里懂。

忽然水停了，头上多了几把遮阳伞……“张老师，张老师，快，您躲起来！”

一股热流从心房窜至全身，我想，这应该是幸福的味道。相伴六年，从一年级的懵懂，处处需要我的保护，到这一刻，团团围住我、护着我。

在欢乐的水花里，我泪眼蒙眬 。

终究有遗憾。我现在仍能记得那天他们离开教室时看我的眼神。

临别时，我终因故作坚强，忍着没有往前踏一步，忍着没有与他们拥抱话别。

我知道，只要一靠近，我定会抱住他们，哭得稀里哗啦。

自然世界充满了惊喜，也充满了教育的载体。

知秋

董超

一阵微风扫过，一片叶子颤巍巍地抖动着，不一会儿便在空中划出优美的弧线，轻飘飘地落在地上，三三两两地散在各处。

原来，深秋已至。

于是，我临时做了一个决定，在午后的阳光中，带孩子们去捡拾秋叶，感知深秋。

排好队，站在操场上，孩子们已然跃跃欲试。

一声解散令下，他们欢呼着四散开来，东捡捡，西看看，北翻翻，南挑挑。于自然之中聆听、感受、触摸秋天的落叶之美，仿佛是收获了一整个秋季的温暖。

回教室后，我问他们感受最深刻的是什么，有的说："我看到秋天的落叶非常美，还能制作成美丽的标本，供人们欣赏。"

有的说："我们刚开始捡拾了很多很多的叶子，但是后来为了制作一幅好看的叶子画，我们不得不抛弃了很多破损的、形状不好看的叶子，原来我们捡拾的时候不应该只注重数量，而忽略了质量。"

还有的说："我感觉我们小组的小伙伴们都特别给力，我们分工合作，都在努力完成自己的事情，为了小组的工作更好地完成，大家都特别用心。"

我听着，不禁莞尔。是啊，一次切身的体验，不仅让他们收获了硕果，我也身心愉悦。

不久之后的一次课上，有个孩子双手捧着一本书，来到我的面前，亮闪闪的眼睛里写满了欣喜："董老师，快看！"他摊开书本，我望去，一枚精致的、造型优雅的树叶标本赫然在目——那挺直的姿态、饱满鲜艳的色泽，让他视若珍宝。我看着他的样子，不自觉想到曾经的自己，也和眼前的他们一样，曾把秋天的美收纳在一枚叶的念想中。

教育的艺术不在传授，而在鼓舞和唤醒。

理解与关怀

卜 蓉

事情起因于课堂上的一次公然顶撞，一句随口的“神经”，结果家长来了……

家长愧疚地对我说:“卜老师，我替我的儿子跟您道歉。”（孩子当时的状态:不安地看着我和班主任，不停地绞着自己的手指，时不时还咬咬指甲。）作为一名教育工作者，我何尝不知道孩子现在心里极度不安。

“何陆妈妈，我要的并不是您的道歉。其实我理解他的那句‘神经’只是他的口头禅，而且他这个年龄也正处于叛逆期。孩子在班上人缘不好这是为什么呢？您的孩子对人很热心，不合群主要还是因为他的嘴巴特别爱得罪人，我和肖老师的目的是想通过这件事情，帮助何陆看清他身上存在的这些小问题，希望帮助他变得更好。”

家长听了点头认同我的观点，孩子听了我的一番话，也慢慢地放松了下来，不再绞手指，也不再咬指甲。

接下来，从与家长的谈话中，我了解到孩子之所以变得这么叛逆、不合群，是因为他最近培训班报得太多，家长给他的压力太大。

我和班主任老师就给家长做工作，建议家长不要给孩子太大压力，对孩子的课外培训还是要以兴趣为主，不然就会适得其反，有条件的情况下还是要让孩子多参加集体活动。最后家长开始反思自己，同意不强制让孩子上他不感兴趣的培训课，每一学期在有条件的情况下让他多参加社团活动。

我们在教育学生时，应该对症下药，理解和关怀，可以起到意想不到的作用。看，经过一段时间的调整，现在的何陆变得更自信了，会站在别人的角度看问题了，教一年级的小同学跳绳也是那么有模有样。

你见过有名字的黄瓜吗?

黄瓜也有名字

张 俊

大大的校园里有一片小小的菜地，菜地被分割成一个个“豆腐块”，我们班分到了其中的一块，我们给它取名叫“慧家菜园”。慧家菜园的魅力大大超过宽阔的操场，超过高档的体育馆，超过到处摆设着的儿童滚滚轮。

春天，我们在“慧家菜园”插下了黄瓜的秧苗。每天总有孩子拿着小尺给秧苗量身高。他们细心地给苗浇水、拔草……

有一天，我看到班上好几个孩子在菜地边叽叽呱呱讲了好长时间，从他们的身形看，不像是在对彼此讲话，倒像在跟小苗讲话。我悄悄走近，听到玲玲在说:“宝贝，昨天晚上睡得好吗? 每天早早睡觉个子才能长得高哟!”彤彤说的是:“小小，你虽然个子最小，但不要泄气哟。我爱你，有爱就有未来。”天天则在说着自己的事:“我跟你说，昨天我爸爸妈妈带我出去玩了……”“张老师来了!”马上有孩子发现我来了。“咦? 你们好像在跟小苗讲话呢?”“是啊! 是啊! 老师您不知道吗，我们班菜园里的每一棵秧苗都有名字呢! 每一株苗都有自己的小爸爸小妈妈!”“您总是说，有爱的孩子能健康长大，所以我们也要给这些小苗爱。”“爱就是陪它，跟它讲话，告诉它我很爱它。”“爱就是天天在一起，给它力量。”……

我的眼睛有些湿润，在那一瞬间我明白了为什么校长要坚持在我们这个地处城区的校园里、在现代化的校舍间开辟一片菜地。于是我也认领了一棵小苗，也常常会在课间去看看属于我的叫“灿灿”的黄瓜苗。

在孩子们充满爱的期待中瓜苗长大了，爬藤了，开花了，结出了一根根小黄瓜。也许真的是因为有了爱的力量，“慧家菜园”里的黄瓜比旁边菜地里的菜都要长得好。到了收获的季节，我和孩子们一起摘下了一根根黄瓜。我把属于孩子们的“宝贝”都发给了“小爸爸小妈妈们”，让他们带回家见“家里的长辈”，然后我把“灿灿”削成了一片一片，放进一个一个孩子的嘴里，我的叫灿灿的黄瓜让每个孩子都笑开了花。

教育应该引导儿童去探索、去总结。给他们讲的应该尽量少些，而引导他们去发现的应该尽量多些。

在教室里种高粱的孩子

王娅芬

我们班上有个小男孩，表面很安静，但仔细观察，你会发现他平时上课手里总是捏着一些小玩意儿，比如树上落下的一粒小果子，一片小树叶，或是小鸟身上飘落下来的一片羽毛……你把这些小玩意儿没收了吧，课间他到操场上溜达一圈回来，第二堂课准又有一些新东西出现在他的手中。他总是仔细地看着这些小玩意儿，轻轻地抚摸着，如同对待珍宝。

在教室后面有一盆枯死的花，由于无人打理，它们孤零零地立在教室的角落。一天，我无意中发现花盆被移到了教室门口的花坛里，里面还插上了一根枯黄的高粱秆。连着几天，这个小男孩一下课就趴在花坛边呆呆地看着那根高粱秆，有时还会把自己水杯里的水淋到上面。好奇心驱使我忍不住走到他身边，问道："你在干吗？"他立刻站起来，把小胸脯挺得高高的，自豪地说："老师，我种了一棵高粱！我们马上有高粱吃了！"而我虽说有时到农村去游玩，但从没仔细去看高粱长得到底是怎样。"你从哪里拿来的高粱呀？"他指指卫生角的扫帚，认真地说："从它身上！"我大笑起来！

直接戳穿他的梦想吗？不，太残忍。我悄悄走开。他每天还是继续待在花盆旁痴痴地守护着。

我发现他对植物的专注度非常高，于是时不时走到他身边表扬一下他的坚持，上课他发言也积极了。我不失时机地表扬他，同时送给他一些关于植物的书。这个坐不住的小孩，渐渐地沉下心来，没事就开始看课外书。

一天，他走到我跟前，悄悄地对我说：“老师，我发现我种的高粱是长不出果实来的！”“没关系，我们班的菜园马上就要分配下来了，由你负责。”他欢呼起来。从此，在我们的小菜园里，有了一个坚定的守护者。他有时会激动地跑过来告诉我，他把别的菜园中的蚯蚓“搬”到我们的菜园里了；有时候又会紧张地跑来问我，他不小心把蚯蚓捏断了，可它还是活着，这是怎么回事？菜地里的菜被虫咬了，怎么办？……我通常不直接告诉他答案，只让他去书中查找。渐渐地，我们班上爱看书的孩子和爱观察事物的孩子越来越多。我也不再阻止他们把小发现带入教室，只要求他们用一个小盒子妥善地保管起来，仔细地观察和记录它们。班级观察日记做得越来越精彩了。

让孩子们多和土地接触，遇到问题自己寻找解决的方法。孩子，会这样一天天长大！

从你拿起画笔的那一刻，我知道，我们的故事开始了。

爱画画的小西

肖 娟

她——是我们班的小西同学。刚入学那会儿，她带着好奇与羞涩，懵懵懂懂地走进了小学生活。校园里的铃声、读书声，仿佛与她无关，小西久久不愿开口。面对学习，尽管她非常努力，可迟迟无法达到心中所想。家人焦急和无措的心情慢慢发酵，小西感受到了来自父母的压力，最初总躲着低声哭泣，到后来，她越来越沉默，不说也不做。

那时的我，回到家里，夜深人静，在微弱的台灯下，写了好多张纸，准备和小西的父母好好交谈一番。因为我深知，想要真正帮助到小西，不是说说这么简单，而是需要一份详细周密的“未来计划”，揣着那份写好的计划书，我开始了一次又一次的尝试与实践，最终成功打开了小西的心扉。

“跃”上黑板

“扬长”促自信。增强自信，最直接的方式，就是同学的肯定、老师的赞赏。小西从小热爱画画，画画时，她会忘记烦恼全身心地投入其中。从此，小西成了我们的“课堂画家”。当同学们读到春意盎然时，她画桃蹊柳陌；当同学们读到荷塘月色时，她画出水芙蓉；当同学们读到小动物时，那是她的最爱，她会根据作者的描写顺序，现场勾勒出一幅栩栩如生的动物图。原本空荡荡的黑板上，从此跃上了各式充满童趣的彩色粉笔画，小西在赞许的目光中，开口讲述着她与绘画之间的故事。

“跃”进作业

“特色”促生长。随着知识难度的增加，有限的画面解决不了学习的根本问题。我决定，为小西设计特色作业，在沿用她画画的长处的基础上，加以层次分明的知识点渗透，让作业本“会说话”。

在作业本中，小西用插图反馈对文本的理解和感受。有时画上了作者的喜怒哀乐，有时展示了情节的曲折动人。在作业本上，可以看到小西的大篇幅的画，画里的方寸之间流露着她对语文学习的喜爱之情。

俗话说“兴趣是最好的老师”。有了兴趣，我再来传授方法。想把画逐渐转换为文字，需要阅读的积累，我开始推荐小西进行主题式阅读、游戏式阅读，留时间和空间给她徜徉在书海里，因材施教，减少了笔头上的书面作业，把阅读课外书籍作为那段时期最为重要的教学目标。读着读着，班级里开展的“悦读分享会”有了她的身影，她也成了当之无愧的“阅读小明星”！

“跃”入心里

“自然”促灵气。每每走在校园里，我都会被这所有故事的学府深深吸引。看看，那茂密的树林，正生机勃勃地与大自然同在。虽参差不齐，但散发着最自然的灵气。小西已长大，亭亭玉立的姑娘，淳朴又善良。

前些年，我带着小西慢慢“散步”，她获得了不一样的收获和精彩，而如今，我将目送她的背影，悄悄感受她的坚强。她不用再牵着我的手了，会主动报名参加各种绘画比赛，赛事的进展和成绩总会和我分享；主动参加“楚才杯”作文竞赛，大胆挑战，荣获奖项；学校的“童书评比”“樱花笔会”“校园风采大赛”，班级的“个人书画展”，都留下了她的足迹。小西写的文章如流水般通畅，文笔优美，角度新颖，常常在班里被作为范文。从她的字里行间溢出的满满的自信和阳光，让我内心很是温暖。我想，主动学习，也许依然需要尊重个性的差异和静静地等待。小西从“被动”到“主动”的过程，符合儿童生长的特点。

从心而发的，总是最真实的。当那曾经的一颗小种子埋进心底，如今又发芽开花时，我感受到了生命的真正意义。

在校园里的每一个人，都应该是教育中的人。

校工的木牌

王娅琼

早上，我惊奇地发现学校流水带的风车上插了几块木牌，木牌被很认真地糊上了彩纸。彩纸还是拼色的，浅紫和浅绿，深蓝和橙红，远远望去，给流水带增添了不少风姿。走近看，木牌上面写着："同学们，睡莲我已醒了，很快就要开出美丽的各色莲花供同学们欣赏。为美化校园，请同学们不要随意采摘我。谢谢同学们！"字写得不好，但看得出，还是工整有加。

一定是养兔子的万师傅写的！竟然还运用了拟人的手法，写得蛮俏皮呀！

下午，我又到流水带前去看。正看着，扫地的吴师傅骑着电瓶车过来了，车上坐着她的孙女，车后跟着万师傅。他们是一家子呢！

吴师傅边骑车边吩咐万师傅："二楼厕所有块玻璃破了，你等下戴手套把它取下来。"万师傅"嗯嗯"答应着。这是个木讷的男人，总是佝偻着腰，忙碌着做这做那，连脸上的笑都是很慢很慢地浮现出来。

"万师傅。"我喊住了他。"这告示是你写的？写得还蛮好啊！"男人侧过头腼腆地笑了。旁边的女人倒是快言快语，"睡莲马上要开了，白天开，晚上就合拢了，蛮好看，有些伢觉得好玩就去摘，所以先写块牌子提醒一下。"男人附和着，"是蛮好看，摘了可惜。""睡莲晚上还合拢？"听到这问题，男人的话才多了起来，"是啊！睡莲冬天相当于在冬眠，春天就醒了，夏天会开出白或粉红的花，白天开，晚上收，这花真的好看。”想起来了，以前好像是看过，洁白的、粉红的，一朵朵漂在水上。

路过的风景，大家都只是看看而已，有谁会像他一样在乎呢?

“牌子还装饰得很好看呀!”男人不好意思了，这样直接的表扬对他而言，应该是不多的。“好玩。”他轻轻地咕哝了一句，再就无话可说了。

女人骑着车带着孙女回家了，男人又佝偻着腰走进了兔园。

一个花瓶，几枝鲜花，改变了你，改变了我，改变了他。

一朵花，一种心情

廖智苑

闲暇时间，我买了一个白色花瓶带到教室里，放在讲台上，和班上的孩子作一个小小的约定——每天由一个孩子带一朵鲜花，插在花瓶里，并担任一个星期的护花使者，照顾瓶中的鲜花。

孩子们觉得很新鲜，纷纷要求由自己当护花使者。

第一周，是辰辰从家里带来几枝山茶花。红艳艳的山茶花参差着插在花瓶里，为教室增添了一抹春色。

第二周，是雯雯带来了栀子花。洁白的栀子花散发出阵阵清香，为教室增添了一丝温馨。

第三周，是泽泽带来了一株向日葵。同学们都没见过向日葵，纷纷向泽泽询问这是什么花，为教室增添了一份热闹。

…………

每周都有不同的花，孩子们兴奋而期待。

每节来上课的老师也收获了好心情，纷纷竖起大拇指夸我们班最美。

每周一的早晨，我也会以花为例，指导学生们进行写话练习，教他们观察身边的事物。

一个花瓶，几枝鲜花，改变了每个人。

小鸟展翅看大鸟，学生成长靠教师。

抄袭事件

佘 斐

前不久，我在批改学生的作文时，一篇题为《美丽的东湖》的文章深深吸引了我，我便把它当作范文在班上进行评价。

“这篇文章是抄来的!”我刚读完这篇作文，一名学生举起手大声地说。他的话音刚落，全班哗然，大家议论纷纷，目光齐刷刷地扫向那名涉嫌抄袭的同学，她满脸通红地低下了头。

面对这突然的变故，我停顿了一下，转换话题问大家:“同学们，这篇文章写得好不好？”“好是好，可是……”“我问的是这篇文章写得好不好，不管其他。”

“太好了！”

“那就请同学们谈谈这篇文章好在哪里，请发言的同学到台上来说。”

结果，有八名同学发言，大家高度评价了这篇文章。我接着说:“同学们，这样好的文章我以前读得不多，可能同学们读得也不多，以后请同学们多向大家推荐一些优秀的文章，在课前三分钟给大家朗读，你们以为如何？”

“太好了！”

“那么，对今天第一个给我们推荐优秀文章的同学，大家说应该怎么办？”

“谢谢!”“非常感谢!”此时，学生对老师的用意已心领神会。

“从今天开始，同学们每天推荐一篇优秀作文，全班同学轮流推荐。你们可以拿文章来读,也可以把它写到自己的作文本上，不过别忘记注明原作者和出处。”学生们会心地笑了，那名抄袭作文的学生也舒心地笑了。

学生的心灵总是比较脆弱，容易受到伤害，并且受的伤还不易愈合。我的做法，保全了一个学生的“面子”，既不伤害她的自尊心，又能让她认识到自己的错处，而且还给全班学生上了一堂生动的课。

教师要以东风化雨之情，春泥护花之意，培育人类的花朵，绘制灿烂的春天。

把门打开的同时，我们选择了相信……

门，该锁上吗？

熊旺红

开学了，学校改造了一个废弃的旧门房，将它变成一个体育器材室。

到了给器材室安装门的时候，两种声音开始各执一词：

一种说："要做一个门，门上上锁，有些"熊孩子"破坏力太强了，这些东西经不起折腾，几天就会坏了！"

另一种说："可以做一个开放式的器材室，不用上锁，因为这些器材本来就是为孩子服务的，让他们能够在玩中逐步形成规则意识岂不更好？就算是有学生会损坏它们，把它当成教育的契机又何尝不可呢！我们应该相信孩子，相信教育的力量！"

器材室最终还是没上锁，仅仅只安了一个可以挡雨的塑料门帘，门口张贴了使用规则。

两周过去了，一个月过去了，情况既没有预想的那么好，也没有担心的那么糟，总有几个球会孤独地散落在操场的角落，房间里的器材偶尔也会散落一地。

于是有了“球到哪儿去了”的讨论，于是有了借还制度，于是老师们设计了更科学的摆放方法。

有句话说得好，办法总是比问题多。开放的背后是相信，开放的背后是改变。校园作为学生生活的主阵地，让学生们在这里习得走向社会的规则意识也是课程之一。

愿我们共同遵守着约定，让文明的香气弥漫在校园的每一个角落!

在金秋的硕果园里，硕果累累离不开耕耘者心的浇灌。

九月，不说再见

邓志蓉

每年的九月是新生入学的日子，校园里处处充满了稚嫩童声带来的新鲜气息。九月，也是学校合唱团招新生的时候。低年级的孩子们带着对合唱团哥哥姐姐们的崇拜和敬畏，纷纷报考合唱团。可是，再多的嘈杂和喧嚣也无法掩盖我心中常会涌起的浓浓忧愁，因为，九月也是六年级合唱团员离团的时候。学校合唱团成立将近十年了，团里的孩子换了一批又一批，但是他们都曾经用自己的努力付出和辛勤的汗水，一次次地为学校取得荣誉，今年，当然也不例外。

今年的七月，学校合唱团的孩子们迎来了他们的第一次全国比赛机会——第八届中国少年儿童童声合唱节。我们的团队作为全国42个参赛团队之一，将代表湖北省出演。从接到任务的四月到比赛的七月，只有短短三个月，不到100天。孩子们从学唱新歌开始，到声部配合均衡，再到声音的美感、气息的处理，音乐情感的表现……这无疑是在考验着每一个人！

清晨和午休时间，是孩子们以歌会友的快乐时光，校园里、楼道里都会充盈着孩子们天籁般的快乐歌声，时而像潺潺的小溪流水，时而又像快乐跳跃的小鹿……连周围的不少居民也说，合唱团的孩子们练歌的时间，就是他们享受免费音乐会的幸福时光。

暑假集训的15天在最热的七月，可是，这群为歌疯狂的孩子们没有一个打退堂鼓的。他们在闷热的音乐教室里，练声、歌唱、表演；眼神、表情、动作；气息、位置、共鸣；自查、互查、相互交流，不断地精益求精，连团员们的家长也被孩子们这种锲而不舍的精神打动，情不自禁地加入到鼓励孩子们的队伍中来。就这样，孩子们的歌声变得更加清澈、和谐。我们演唱的带有湖北特点的《大山里的土家娃》唱出了湖北伢的热情奔放；《在队旗下欢聚一堂》用最完美的共鸣和气息，演绎了一首充满正能量的新时代少年儿童的赞歌！连歌曲的作者欣赏完孩子们的表演后，也对小团员们近乎完美的诠释竖起了大拇指。

七月快结束的时候，作为团队的指挥和训练的全程参与者，我和40个孩子一起手拉手并肩站在了中国童声合唱的最高舞台——日照第八届中国少年儿童童声合唱节。我们尽情地挥洒热情，放声地歌唱，每一个节拍，每一个音符，每一次呼吸，每一个笑容，都是那样默契。歌声释放了，100个日子里孩子们为学校荣誉而承担的压力；歌声见证了孩子们为实现一个共同的理想和目标而付出的努力；歌声更向孩子们身边的同龄人宣誓，努力使我们更坚强，歌唱使我们更加美丽！

九月，他们中的一部分——六年级孩子们，要告别合唱团。在老师的引领下，他们从一个个对音乐满怀期待的稚子成为舞台上耀眼的一颗颗星星，成为无数学弟学妹心中的偶像，成为家长们引以为傲的资本……告别让人感到惆怅和失落，可是我感到自己是幸福和满足的。因为，我仿佛可以看到孩子们将来快乐生活的景象，我始终相信追求艺术的人生是幸福而快乐的人生，愿歌声常伴他们左右。

歌声不要停止。九月，不说再见！

小足球的大魅力

庄 重

“小虎杯”校园足球队要招生了，这可是不少男孩子的梦之队，不仅有帅气的洋教练还有参加校外联赛的机会，简直是一位难求。

这天中午，小曾同学垂头丧气地找到了我。

“老师，您帮我求个情，让我参加足球队吧！”

“说说，怎么回事？”

“这次数学考试我才考了50多分，家长和老师都不同意我参加足球队，说要我专心搞好学习。”

“你怎么想的？有什么计划？”

“老师，只要让我参加球队，我一定搞好学习。给我一个月时间，您看我下次的考试成绩。”

“好，我给你留一个名额，加油！”

时间飞快，转眼一个月过去了。这天，小曾兴奋地一步三跳地来到我面前，举着一张80多分的数学试卷。我跟他击掌祝贺，“祝贺你说到做到！欢迎你加入足球队，足球队需要有梦想和有韧性的队员。”

随后，我把这段略带传奇色彩的故事分享给我的同事们。“足球的魅力真有如此之大？”在啧啧称奇的背后，有老师陷入了沉思。

于是，足球队成了一个神奇的存在。

“庄老师，小陈同学想加入，但他自律性很差，让我们一起用足球队来约束他！”

“庄老师，小李同学喜欢足球，又怕自己体育不行选不上，先让他加入训练吧，说不定在足球队他各方面的素质会提升很快呢！”

…………

于是，你会看到，神奇的足球吸引了这群神奇的孩子们，高、矮、胖、瘦，男孩、女孩。

奔跑、汗水、热爱并为之付出和努力，足球队也许还有更大的魅力呢！

还原的垃圾

石爱萍

这天，一C班的小宸带来了一条绳子，要教大家玩翻花绳的游戏。

不料，正上课时，小宸一脸气愤地对我说：“不知道哪个调皮鬼把我的绳子丢到垃圾桶里了，我要去找回来。”然后不由分说，跑到教室后面的垃圾桶边翻找起来。看到他执拗的样子，我知道叫不回他，就一边上课，一边悄悄关注他的动态。

呵呵，这家伙，把桶里的垃圾全翻到地上，一点点搜寻着他的绳子。过了一会儿，他瞪着眼睛、头上冒着汗、气呼呼地走回座位。

“找到了吗？”我问。他懊恼地摇摇头。

我说：“我们先上课，下课后再帮你找。”他点点头。

我问：“垃圾还原了吗？”

他想都没想就说：“还原了。”好像这是理所当然的。

我踮起脚往后一看，垃圾桶边还真是干干净净，垃圾都好好地待在桶里呢。

我走过去抱了抱他，说：“那现在去把手洗干净，我们一起去上课。”他去水池边洗好手，还给我检查了一下，然后，顺利上了一堂课。

下课了，我们在小宸书包的角落里找到了绳子，他兴奋地跳着叫着，和我玩起了翻花绳，同学们围着我们，不时说：“好神奇啊！”小宸得意极了！

大家看过《窗边的小豆豆》吗？有一次，小豆豆为了找在厕所里不小心掉落的钱包，到下水池边，用长勺，一勺勺舀起池里的杂物，仔细翻找，找了半天没找到，最后心满意足地按校长说的，把杂物还原了。

小宸是不是现实版的小豆豆？！试着回放他翻出垃圾、仔细翻找、还原垃圾、用心上课的画面……以后每次见到他，我都会和他击击掌，要击得很响，然后说："我觉得你最了不起了！"我们成了好朋友。

顺时而为，不负花期不负人。

樱花树下的微笑

李 艳

春天如约而至，学校樱花园里的五棵樱花树又开花了，白中带粉的花朵在枝头挤挤挨挨好不热闹，远远望去如云似烟。这五棵樱花树是最寻常不过的品种，也没有什么值得称道的“身世”，但这丝毫不影响它们每年给我们带来春的讯息。这个时候的樱花园比任何时候都更热闹了。老师相约在花下留下美丽的身影，孩子们也更愿意在这花海中嬉戏玩闹，上学放学的时候，走到这里的人们都会不由自主地停下匆忙的脚步，目光流连于这片烟云……

上课了，我夹着教案正往教室走，几个嬉笑跑动的身影裹挟着似有似无的樱花清香从我的身边经过。我循着花香走进教室，那几个笑脸还没完全敛住，我轻嗅了一下，果然教室里也有樱花那好闻的清香。

上课了，开课、读文、读词……课堂上，我发现几个孩子听课不太专注，虽正襟危坐但是眼神的飘忽实在是藏不住的。我不动声色地走到一个孩子的旁边，轻轻地敲敲他的桌面，他会意地吐了吐舌头，整肃了自己的精神。又有一个孩子坐不住了，虽然他表情严肃地盯着我，随着我的讲述做出若有所思的样子，可是小手却一直在抽屉里捣鼓。察觉到我盯着他的手的目光，他立马停下手上的动作……趁着齐读课文的当儿，我转到了他的身后，弯腰望进他的抽屉，抽屉里的秘密被揭晓了——几朵娇羞的花儿躺在那儿。我正想发难，心中突然一顿：我应该批评他们吗？批评他们热爱自然、热爱生活吗？爱美之心，何错之有呢？顺应自然，才是最合适的教育。

环视班上一张张心不在焉的面孔，我放下书和颜悦色地说："同学们，学校的樱花开了。"同学们先是一愣，发现我谈到的是他们心心念念的事儿，一下子来了兴趣，刚才的"走神君"眼神瞬间灵动，高兴地和同桌谈论起来。那个藏花的孩子干脆拿出自己收集的花瓣，和旁边的小伙伴兴致勃勃地欣赏起来了。大家你一言我一语，关于樱花的事，大家都有好多话要说呢！我一声令下，"走，我们一起去看樱花！"

樱花树下，孩子们的笑容在飞扬；樱花园里，孩子们的笑声在回荡。盛放的樱花映在孩子们的眼里，写在孩子们的作文里，更刻在孩子们童年美好的记忆中。花期不待人，错过了便只能等待下一年；成长也是不待人的，更是不能错过的。顺应自然，顺时而为，这才是合适的教育！

校园里的每一个时间，都可以成为孩子们享受的良辰。

不一样的午餐

吴 珏

“吴老师，你班上有三个孩子获奖了，一等奖，中午学校邀请她们到‘醒客’吃饭。”蒋校长的一通电话让我一头雾水，说实话，我压根就没有注意“每周一字”上提及的文字画征稿比赛。没想到有三个孩子注意到，并且很用心地完成了。

我还真是头一次和孩子们这么近距离地坐在一张桌上吃饭，况且，还有校长、主任。别说孩子们了，我都有些紧张。该聊些什么？要不要催促孩子们吃快点？怎么让孩子们放松点，享受这个午餐？……我的脑子里有一堆问题冒出来。这一顿午饭我简直是熬过来的。好不容易吃完，我问孩子们：“下次如果还有机会，你们是愿意自己吃，还是和老师们一起吃呢？”三个女孩羞涩地一笑，异口同声地说：“当然是和老师一起啦！不然和在教室吃有什么区别？”好吧，听她们这么说，让我有一点点期待下一次了。

果然，下一次很快就来了，“每周一字”又开始征集诗画作品了。这次我当然不能错过。记得上次吃饭时，蒋校长对那三个女孩说：“好朋友就是要一起做些有趣的事才有意义。”那就让班上的孩子们一起做些有趣的事吧！

我在班上一动员，马上就有孩子投入创作。等他们兴致勃勃地拿来作品给我看时，我才发现，他们不太理解怎么把诗变成画。于是，第二天我带来了《设计诗》给他们参考。那天的早读，我们一起读《设计诗》，在《花与蝶》里找“蝶”，讨论为寻找自由而跳出鱼缸的“鱼”为什么要倒着写，一起读到“汤太淡了，要咸点”时哈哈大笑……

当我得知这次要带一个小型“观光团”去“醒客”吃饭时，我已经比上次淡定多了，甚至有点志在必得的小骄傲。餐前，我给孩子们讲了讲“餐桌礼仪”。孩子们也超棒，自己收餐盒，主动倒垃圾，整理餐垫……从他们的笑容里，我已经知道，让他们开心的不是那些荷包蛋，也不仅是几块糖果、一杯热饮，更多的是那种让我们更亲密的感觉。

日子一天天流逝，我相信最终让我们能够想起、并愿意回忆的，一定是那些让我们感到有趣的时光。很高兴，在九龙学堂，有趣的日子未完待续……

第二章 从容

方寸之间，满满的是老师的爱。

板擦与抹布

魏小英

经历过中、高考的人一定不会忘记自己初三、高三的经历。在那段痛苦煎熬的日子里，仿佛什么都是灰暗的，做什么都提不起精神。我很幸运，遇到一位好老师，他不经意间所做的一件小事如同一缕阳光，驱散了我心中的阴霾，让我至今回想起来，心里还是暖暖的。

班主任老钱，名家长——一位“聪明绝顶”的数学老师，业务精湛自不必说，难得的是脾气还好，以至于他偶尔发一两次火，同学们必定会记在日记里，以兹留念。

在二十多年前，竞争压力远不比如今，我们并没有像现在这样天天在“浩瀚的题海”里遨游，但每次上课，满满一黑板的笔记还是常有的，碰上政治这样的学科，更是要擦擦写写几个来回。老式的黑板上，常年覆盖着厚厚的一层粉笔灰。板擦已尽力了，无奈粉尘太厚，擦过来，一道灰白的痕迹，擦过去，一道灰白的痕迹；横着擦，痕迹是横着的，竖着擦，痕迹是竖着的。教室门外的走廊拐角，有一处永远是灰扑扑的，那是板擦被反复敲打的地方。老钱就总干这个事儿，一下课就到班上来帮我们擦黑板（不知道是嫌弃我们擦不干净，还是想让我们少吃点粉笔灰）。瘦瘦高高的老钱，总是把黑板的每一个角落都擦到。他和别人不同，一块黑板他反反复复要擦好几遍，擦一遍，就到门外把板擦敲打一遍，再擦一遍，再去把板擦敲打一遍，临到最后，仍然嫌弃没擦干净。这时，他就会拿出一块叠得整整齐齐的巴掌大小的抹布（微湿，但不会有水滴下来），再次把黑板擦拭一新。被他擦过的黑板，真的像新的一样，每个写上去的字都是那么清晰，仿佛板书都变得美了起来。

我个子小，坐在前排，看着老钱总是忙忙碌碌给我们擦呀擦，直到有一次，问他原因，他才给我们讲了他的想法："黑板不干净，伤眼！"多么简单的理由，多么细心的"家长"。

多年后，我为人师，在我的班上，我也会多备上几块板擦与抹布。

方法是钥匙，而耐心是万能钥匙。

孩子，我等你慢慢来

兰 皓

我任教的信息技术课堂上总有少数上课发言不大胆，甚至从来不发言的孩子。他们默默地学习着，默默地完成着老师布置的任务，遇到困难也不敢去求助，这样，久而久之，他们和其他同学之间的差距就越来越大。

上三年级的小A就是这样一个小女孩，她瘦瘦小小，一直默默地坐在教室靠窗的位置。在机房上课时，她的电脑屏幕总是背对着我的讲台，我如果不刻意转到她所在的那组，是无法了解她的学习状况的。因为机房的格局，当学生练习时，我一般会采取巡视的办法来为学生们答疑解惑，顺便了解学生的学习状况。小A就是我在巡堂的过程中发现的一个孩子。全班学生只有她的显示器上一片空白——一个字也没有，我小声地问:“什么不会？”她指指“燕”字，我给她做了一次示范，而后继续巡堂。等我再次来到她身边时，屏幕上却只有那个“燕”字。以我的经验判断这孩子的问题十有八九是出在了汉语拼音上，于是我问:“是不是拼音不会？”坐在旁边的学生听了我的话，开始七嘴八舌地说小A的语文学科学得不怎么好。我读到她眼神里的惶惑不安，于是快速打断了同学们的话，拿了一张纸，把今天要输入的汉字都标注了拼音递给她，让她继续练习。

课后，我摸摸她的头，微笑着对她说:“输入汉字的基本方法你已经掌握得很好了，不过你的拼音得补补，你回去找一年级上册的语文书，每天读读，然后试着把三年级语文书上的字都标上拼音，老师相信你下次课一定会进步的！”她默默地点点头。

一周以后，在我的课堂上，她熟练地用拼音打着字，看得出来，她在课后努力地补习了拼音。她一步步地追上了其他小伙伴，我看到了她惊人的进步。之后，在全班同学面前表扬她的那一刻，我看到她的眼睛里闪着泪光……孩子，我等你慢慢来。

有一种智慧叫包容，当它遇到畅畅，就有了这样的故事……

在包容中成长的孩子

李石萍

记得在几年前的一个周一，按照学校惯例每周一都要举行全校的升国旗仪式，在升旗仪式中有一个固定环节就是学生代表发言。我发现那天的四个学生代表中就有畅畅 。记得当时畅畅的表现非常出色，他的演讲语言流畅、富有感情，还非常有感染力，赢得了全校师生热烈的掌声，台下的我除了拼命鼓掌还感动得有些哽咽。

当你第一眼看到畅畅 ，你就会发现他和别的孩子有些不一样，他和你说话时你会觉得你们永远不在一个频道；他高兴的时候会说，你来追我呀，然后让你追着他跑；他不高兴的时候会打你，也让你追着他跑；他想和你玩的时候还是会打你，让你追着他跑。大概是因为他喜欢被别人追着跑的原因，他主动要求参加我带队的田径队训练。开始我是不太想让他参加的，他的加入会影响全队的训练进度，但是畅畅是没有办法被拒绝的，因为他不会管你同不同意，也硬要跟着队伍参加“训练” 。说是训练，其实就是跟在训练队里追着同学玩。于是我让田径队里的孩子轮流做他的陪练，陪他玩“你追我跑” 。就这样畅畅跑开心了，其他孩子的速度和耐力也提高了，真是一举两得。

就是这样一个特别而又再平凡不过的畅畅，一个感统失调，有明显运动协调障碍的孩子，能在升旗台上面对两千多名师生做激情的演讲，能在小学时光里克服协调性障碍进行运动，是教他的每一位老师的包容让他成长。

风景，取决于你看它的角度。

同样的风景

陈珊珊

这一年，我终于实现了自己执教一年级的夙愿。

副班长小辰在任课老师们的眼里是一个做什么事情都特别用力的学生——上课用力地喊，下课用力地追逐，平时没事就用力地挤进同学们围着老师讨论问题的圈子中打小报告……在我耳边不断出现其他孩子的抱怨声："他老是无缘无故地追着我跑！"或是任课老师无奈的声音："他事儿真多！"

每当我告诉他，作为副班长必须以身作则，努力成为同学们学习的榜样时，他总是频频点头表示明白，但最多"正常"那么一节课的时间，然后就继续他凡事"用力"的生活。于是，我化勉励为警告，告诉他再这样下去，副班长一职将落到别人身上了。终于，在一次课间急速奔跑被执勤老师点名批评后，小辰的副班长生涯暂时结束。

但解职似乎并没有影响到小辰，他"用力"的生活方式没有丝毫改变。

一次，眼看放学的时间点已经过了很久，教室内却还有那么几个孩子拖拖拉拉不肯出来，我在走廊上大声催促他们。当我将头伸进教室里的时候，赫然发现小辰正将一天下来凌乱不堪的桌椅一张一张地摆放整齐——先把座位周围的垃圾捡起来，再把椅子推进桌底下，用眼睛瞄一眼前后左右的桌椅，然后提起可能撞到课桌的大书包走到下一张桌子前。这不正是我在班会上强调的放学前每一个同学都必须做的事情吗？我还把这些动作编成“捡捡小垃圾、摆摆小凳子、提提大书包、看看桌子整齐不整齐”的儿歌。当时孩子们都念得特别大声，只是转身就忘了。然而没想到小辰就在我眼皮底下，把教室里一半的桌椅都摆放整齐了。

那天下班后，小辰忙碌的身影不断浮现在我脑海，我开始反省自己，我开始回忆起他频频点头表示明白时的眼神……

第二天，我和小辰来了一次深谈。我细细地问，他细细地答。我才明白他上课用力地喊，是生怕老师忽略他的回答；他下课用力地追逐，是为了监督真正追逐打闹的同学；他平时用力地向老师打小报告，是怕老师错过教育同学们改正不良行为的时机……想起那天放学后他忙碌的身影，对于他“用力”生活背后的目的，我既理解又震惊，也感到愧疚。

第三天，我将小辰带到讲台上，并且让他站到椅子上与我同高。我告诉他：“老师站得高，看得远，你们每做一件事情老师都看得清清楚楚，你不必害怕老师会忽视你们中的任何一个。”然后，我让他站回地面，我蹲成与他同高，告诉他也告诉自己：“老师也学着和你看同样的风景。”

打开心扉，我看到了最优秀的你。

小透明也有大才艺

周 燕

第一次见她是在开学，她紧紧地抱着我，让我无法动弹。作为新任的老师，我有一点局促，但很快就记住了这个“奇怪的”小女孩——小紫！

上课的时候，我见到了小紫。她一个人孤独地坐在角落里发呆，若有所思的脸上没有这个年龄的孩子该有的活泼。嗯，可能这也算是老师们归类的“问题学生”中的一种了吧！可是，这个“问题学生”不一样，她小小年纪就这么惆怅，是不是有什么心事呢？要是一直这样下去可不行，我要担起一个老师的责任，让孩子变得开朗合群！

我开始有意地接触这个孩子。最开始，我用了她喜欢的方式——拥抱，这一招很成功，她稚嫩的脸上写满了惊喜，显然，她是希望得到老师多一点关注的！为了让她打开心扉，我常常陪她聊天，没想到，这个看似不合群的小女孩竟也是个话唠！有一次，我们聊到了兴趣爱好，“小紫平时不跟小朋友玩，上课也不喜欢听课，那有什么兴趣爱好呢？”我好奇地问她。没想到，她的兴趣爱好竟然是给电影中的角色配音！

“我会很多电影配音呢！”她骄傲地说。

“那么，下次英语课课前三分钟，你给同学们展示一下好吗？”这可真是个好机会！

于是，配音表演如期而至。面对小紫精彩绝伦的表演，不光是我，整个班的小朋友都对她刮目相看起来，没有人想到，这个不起眼的小透明竟然有这种才艺！小紫，那个孤独又内向的小紫，终于被热烈的掌声包围……掌声停止后，我趁热打铁，让孩子们多多向小紫学习……

渐渐地，小紫上课开始认真听讲，还主动举手回答问题了！虽然这可能只是件小事，但是看到小紫的成长，我像看到自己的孩子的成长一样兴奋。看着讲台下的孩子们，他们何尝不像我的孩子一样，每一个都独一无二，每一个都值得被用心呵护！

一个约定，一份包容，成就了一个特殊的孩子。

用打开礼物的那种心情去打开孩子的心扉！

对待孩子要有打开礼物包装纸时的耐心和细心。

一颗巧克力

赵　月

今天，上完课后，我正在收拾讲桌，班上一个小女孩突然走到我面前。她略有些紧张地抬头看着我，伸出手摊开在我面前，小小的掌心里放着一颗小小的巧克力。她盯着我说:“老师，这是给您的。”我很惊异，这是我接这个班以来第一次从孩子手里获得礼物，而这个孩子平时表现得并不是那么喜欢我。

她是一个自身话很多，却不爱听别人讲话的很有些倔强的女孩子。犹记得上次做卫生时，劳动组长让她去把消防栓抹一下，而她却仅仅因为这不是她所认为自己应该做的，就站在那里一动不动。我亲自去和她谈，可是讲半天也没有讲通，这让我不由得大发雷霆。看她涨红着脸看着我，却还是一副不甘情愿的样子，我不由得有些无奈，这个孩子怎么就是这么倔强呢?

回到办公室，我细细地品味着这颗巧克力，与她之间的回忆也随之弥漫开来:每次一进教室，她总有许多话要和我说，有时是告状，有时是问问题，有时甚至是她家里的琐事。她说:“我书包还没收拾完，组长就让我去做卫生。”她能无视黑板上的读书要求跑过来问我:“老师，我们读第几课?”她说:“我家里有一个哥哥，哥哥特别厉害，是学电脑的。”她说……我由以往的耐心变得越来越不耐烦，然而现在想想，也许这只是这个孩子表达喜爱的一种方式，她想要亲近我，却不会表达，所以只会用最笨拙的方法来吸引我的注意。就像她送我的这颗巧克力，外表看起来也许很朴实，然而吃到嘴里却有一种不一样的滋味。而我欠缺的也许只是剥开那层不起眼的包装纸时所需的耐心和细心。

给学生一片自由的天空。

假如没有那个约定……

余　玮

在青年教师读书班的活动中，听到肖书记在谈论张智恺，听到张智恺成了美国大学生篮球联赛的队员，并快要结婚了，我突然觉得无比感慨！

时间回到6年前，我在下班回家的路上，遇到一个又帅又高的男孩。“余老师好！”看着这个陌生的面容，我始终想不起来他是谁。“你是？”“我是张智恺！”我的嘴立刻成为了一个“O”型，心中的惊讶无以复加。

时间回到8年前，校园的篮球场上，每天都可以看到一个不算矮却有点胖的小男孩在打篮球。这个男孩有点特殊，文化课只能听20分钟，要么自己看课外书，要么就吵闹，但是学习成绩超好。五年级时在体育课上，他迷上了篮球。于是，老师们和他约定，如果老师讲的课他都懂了，可以去操场上打球。

我偶尔会陪他玩会儿球，他偶尔会找我问点儿技术上的事，更多的时候，他总是一个人，反复地做一个动作。这一打，就是两年，不论刮风下雨他都会出现在操场上。

没想到，后来的他考到了最好的中学，考取了国外的名校；没想到，他把篮球打到了美国大学生联赛。

假如没有那个约定……

保护儿童的自尊心，最好的方法就是尊重和关爱。

嘘……

郭　颂

一次练习新操时，由于新操的节奏感强，小朋友们都很喜欢，因此，学习起来也很认真。可当我走到乐乐的旁边，想纠正她的动作时，发现地上有一摊水。

“哎呀！”我心里暗叫不妙，乐乐又尿裤子了。这孩子不善于表达，每次想尿尿时，都不会跟老师说，而是抓着裤子表现出很难受的样子。一不注意，小家伙就会站着尿尿，有时候一天下来要换好几条裤子。前几天，我们当众给乐乐换衣服，结果敏感的乐乐在小朋友面前更加沉默，尿湿裤子的次数也更多了。我想我们应该从心理入手给孩子树立自信。

把孩子抱过来换裤子？不行，众目睽睽之下，乐乐又会觉得“出丑”了。于是，我笑眯眯地说：“小朋友们，我们现在玩个游戏吧，大家闭上眼睛。”孩子们都好奇地紧闭双眼，我悄悄地抱着乐乐来到睡房，迅速地给她换上干净的裤子。

这时，其他孩子议论起来：“谁藏起来啦？”透过乐乐的眼睛，我能感觉到此刻孩子心中的无助和恐慌。于是我高声喊道：“我们中间有个小朋友藏起来啦！一、二、三，睁开眼睛，我们一起来找一找！”孩子们兴奋地睁开眼睛四处寻找，一会儿，小朋友们高兴叫了起来：“猜对了，猜对了，是乐乐。”在欢乐的游戏氛围中，原本不知所措的乐乐被感染了。刹那间，她的眼睛亮了，小嘴笑成了一朵小花！

当我们蹲下来，真挚地与孩子交流时，孩子也会向我们敞开心扉。

交换

莫辉

下午快放学时，我照例到各班巡视。走进小一班，孩子们都在一边整理衣服，一边和小伙伴聊天。一向开朗、活泼的哲哲却一个人低着头站在书包柜旁。“哲哲，怎么了？”我走过去蹲下问他。“没什么……”哲哲闷闷不乐地说。“你一定有秘密，愿意和我分享吗？也许我能帮到你呢！”“不要……”哲哲噘着嘴巴说。“没关系，每个人都有不开心的时候，这个很正常，过一会儿就好了。”“真的吗？您也有不开心的时候吗？那，您为什么不开心？”哲哲抬起头，瞪大眼睛一本正经地问我。“有一次……”我耐心地给哲哲讲起了自己的故事。哲哲歪着头，认真地听，还不时对我点点头。“现在，你能讲讲你的故事吗？”“嗯，刚才朵朵……”哲哲趴在我耳朵边小声地说着……

几天后的一次户外游戏，我在操场上又碰到哲哲，他主动跑到我面前，拉起我的手，像老朋友一样。我摸摸他的头问：“哲哲，有什么事情想告诉我吗？”“嗯！”小家伙用力地点点头。这一次，他没有犹豫，趴在我耳边向我倾诉着属于自己的“小秘密”。

成人的思维里总认为这么小的孩子不会有什么烦心事，其实不然，他们和我们一样，当需求得不到回应时，也会烦躁、无助，也会通过发脾气、生闷气来排解、宣泄。这时，就需要我们适时介入，用平等的方式和他们沟通。在这次交换中，我坦诚地与哲哲分享了自己的情感体验，不仅赢得了他的信任，还引导他获取了满满的正能量。这次交换，值了！

教孩子自己思考

贾阳阳

离下课还剩几分钟的时间，孩子们开始各自收拾自己的美术用具。大家都在收拾东西的时候，小Z却不收拾自己的物品，反而跑到一旁看书。

突然一个学生大喊一声："小Z，你画的是什么啊？好丑啊！"有几个孩子一听都跑过去看他的画，然后不怀好意地大笑起来。

小Z极力争辩道："你们不要乱说，这明明就是山水画啊！你们什么都不懂。"然后小Z就跑向我："老师，他们什么都不懂就在那里笑话我的画，说我画得很丑，还说我画得不像。"说着说着就开始哽咽起来。

我连忙安慰小Z说："别人说什么不重要，因为老师看得出你在很用心地画，所以这幅画不管像不像，都否定不了你这节课的收获。"可是小Z把头埋在衣服里就是不肯抬起来，继续在默默地哭泣。我正想教育其他几个孩子，但转眼一想，这样能解决根本问题吗？因为就算那几个孩子知道错了，可是小Z心里的伤痕还是存在的，可能会因此不再愿意画画了。所以，我一定要想一个两全其美的办法，既让嘲笑小Z的孩子们认识到自己的错误并主动去认错，又能让小Z知道他的小伙伴们其实是没有恶意的，他也不用放弃画画。想了想，我从容地对那些嘲笑小Z作品的孩子们说道："你们觉得嘲笑别人是一件快乐的事情吗？我们现在是一个团体，难道你们就是用这种方式对待一起学习的伙伴？换个角度，假如是你们被别人说同样的话，你们会怎么想？你们心里会不会很难过？”

一阵沉默过后，刚才还在嘲笑小Z的孩子们顿时羞愧地低下头。然后就有孩子主动地走向小Z:“对不起，我不该嘲笑你的画。”

还有的走过去安慰小Z说:“你不要哭了，这没有什么好伤心的。以前我的画也被别人经常说啊，但是说了又怎么样，我会画出更好的给他们看。”

“就是啊！小Z不要哭了，我们一起帮你收拾。”

…………

一场小纠纷就这么解决了，最后当然是小Z和其他孩子们又高高兴兴地在一起有说有笑的了……

以前的小Z，就算是被别的同学欺负也是默默承受不敢说，心里一直害怕跟别人沟通，但现在他学会争辩了，看到他现在的变化真让我高兴。相信这次的经验会让他更加坚强，因为每一次的挫折都是一次成长。这件事也让我明白，当孩子们出现问题时，不要第一时间批评孩子，而要多从孩子的立场出发，引导他们换位思考，这样把问题抛回给孩子，他们的感受会更深，会更主动地去解决问题。可不能小视孩子们解决问题的本领哟！

有一种可爱叫懵懂

任宇偲

开学第一天，操场上正在进行列队训练。一个白白胖胖的男孩站在最后，当大家都认真听要求时，他不停地左顾右盼，原来是一只蜻蜓把他给吸引住了，眼睛不停地搜寻着蜻蜓的足迹。

从这一天起,我就记住了他的名字——涵涵。

开学一个星期了，很多孩子都跟不上节奏，涵涵是其中的一个。渐渐地，数学课堂上动笔的地方多了，同时也迎来了单元测试，涵涵学习上的问题一下子暴露无遗。

单从分数来看，他和其他孩子的差距有些明显，再看看试卷扣分的地方，几乎都是漏题造成的。我问他："你为什么空着不做?"他一脸委屈地告诉我："因为不认识字。""我读题了啊！"我疑惑不解。"可我不知道在什么地方！"他一本正经地回答。我哭笑不得地看着他一脸无辜的样子，唯有无可奈何!

在班上讲完试卷，我告诉孩子们:考得好的不要骄傲，一次考得好不能说明什么，今后还会有很多考试等待着大家。考得不好的也不要灰心，下一次再努力考好。话音刚落，我听到一个声音传来："耶!什么时候第二次考试?我要考100分！"循声望去，映入眼帘的是一脸兴奋、双眼放光的涵涵!

孩子，我真的很欣赏你懵懵懂懂的状态，虽然和有的同学相比，你需要加倍的努力。但是，你拥有的这份信念却弥足珍贵。

涵涵，谢谢你告诉了老师:有一种可爱叫懵懂！有一种信念叫期待！

特殊的见面礼，打开心的“大门”。

42个红包

余 斐

我生完孩子回来上班的第一天，突然接到领导的通知，要我接四年级的班。虽说我已有5年的带班经验，但一直在带低年级，一直是“亲妈”。想到之前听到同事们说的“后妈”的种种不适，我心里难免有些忐忑——学生们会喜欢我这个新老师吗?

一晚上的辗转反侧后，我决定给每位同学一份特殊的见面礼。

我先找副班主任要了班级名册和照片，又联系到他们原来的班主任了解学生过往的情况。经过精心准备后，终于迎来了和孩子们第一次见面的日子。

早上，第一个进教室的是一个胖乎乎、憨厚的小男孩和他的爸爸。我一眼就认出来他是崔骜，据说是班里最暖心的一个，和照片里的一模一样。我热情地跟他打招呼:“你是崔骜吧！我是你的新班主任佘老师。”

小男孩愣住了，一会儿看我，一会儿看旁边的爸爸，不知是没反应过来，还是好奇我明明没见过他，却能准确地叫出他的名字。

他爸爸立刻反应过来，握着我的手说:“佘老师你好，我是崔骜的爸爸，以后我这小子就拜托您了！”

经过一番寒暄后，我从抽屉里拿出一个红包递给了崔骜:“中国的习俗，只要没过十五都算过年。这是老师给你的红包。”

他和爸爸面面相觑了一会儿，才微笑着接过红包，不好意思地说了声："谢谢佘老师。"然后高兴地离开了。

我的这一举动引起了副班主任的好奇："你还准备了红包？包的什么呀？"

我悄悄从抽屉里拿出事先准备的42个红包。"这里面有一张崭新的一块钱和一个橡皮擦。"我继续解释道，"这一块钱算我给他们的压岁钱。橡皮擦代表擦去以往不好的回忆，让老师重新认识他们。"

副班主任微笑着点点头说："你有心了。"

这就是我和孩子们的第一次见面，小小的红包在他们的心中留下了深深的烙印，自此以后，我们开始了一段新的旅程。

如果你想让别人做一艘船，只要让他们渴望大海就行了。

这个挺有意思的嘛

王丽娜

《小王子》的作者圣埃克苏佩里说过:“如果你想造一艘船，不要抓一批人来收集材料，不要指挥他们做这个、做那个，你只要让他们渴望大海就行了。”人都是这样的，我们越要他们做什么，他们就越不乐意去做什么。但如果我们谈的不是做什么，而是去玩什么、吃什么、享受什么，他们不仅乐意听，还可能为了实现这个愿望而去尝试、去努力。

我小时候，胆小不敢讲话，也特别爱说错话，所以很讨厌举手发言。课堂上老师点了我的名字，我也不肯站起来，老师鼓励说:“要努力啊，不然不会讲话以后怎么跟人交流、怎么生活?”可我根本不在乎。

我妈妈就不这么劝我，而是直接给我看电视上的国际大学生辩论赛。那时候娱乐也不多，有电视看我总是非常高兴。妈妈就一边陪我看，一边夸里面的辩手，她不是夸他们有多厉害，而是夸他们生活得有意思，比如可以去国外长见识，可以穿帅气的西装，等等。

我当时喜欢看动画片，也没出过国，而且长期穿松松垮垮很丑的运动衫，因此很是羡慕那些辩手。于是我逼着自己多说话，锻炼自己流利地说话。最后，虽然我没有成为一名辩手，却当了一个老师。

早熟的孩子有一颗敏感的心，更需要老师的关爱！

婷婷的心思

张巧艳

楼下的小花园里，种着两棵樱花树。春天樱花开的时候，孩子们特别喜欢在树下跳绳、捉迷藏。四处飞舞的花瓣夹杂着孩子欢快的笑声，让人感觉特别舒心。咦，那是谁？为什么一个人蹲在花坛一角？我朝前瞅了瞅，原来是婷婷啊！看到这个孤寂的背影，看到她总是躲着大家，甚至连好朋友都不理，我知道，她是怕！怕别人知道她爸爸妈妈离婚了，怕同学们瞧不起她。自从知道她父母的事后，我曾经试图找她谈谈，可她连我也躲着，我急死了！对于这个正值青春期却又懂事得让人心疼的孩子，我既想去安慰她，又怕一句话不对头，让她更难过，甚至恨我，该怎么和她谈呢？

“张老师，这节课看樱花去吧。”“张妈妈，求您啦！”“我们保证，看完樱花回来交一篇800字的美文。”“好啦！为了看樱花什么手段都使出来了！去吧，咱们就去樱花树下活动吧！”我的话刚出口，满教室的欢呼声不绝于耳。一分钟不到，教室里已经空无一人。我追上落在后面的婷婷，牵起她的手，起初她还有点不自然，想把手缩回去，我笑道：“怎么了？小时候你中午不肯吃饭，每次都要我喂你呢！”她笑了，我俩手牵手慢慢下楼，边走边聊：

“你的童书《我想》写到哪儿了？”

“已经写到非洲大草原了！”

“哇，那么远！听说那儿可危险了，那儿有什么意思？好多还是原始状态呢！”

“我喜欢三毛，在她的书里看到《走出非洲》，我想做一个三毛那样独立的女子。”

“那你觉得三毛快乐吗？”

“不快乐！”

“不快乐的生活是你想要的吗？”

聊到这儿的时候，她愣住了！似乎没有想过这个问题！我陪着她默默地走着，突然，一阵叫声传来：“张老师，婷婷，快来照相吧！等你们好半天了！”几个女生呼啦一下围过来，把婷婷拉着坐在树下的长椅上，“别动！”我掏出手机“咔嚓”一下，几个小女孩幸福的瞬间被定格在了我的手机上。“我也要拍。”“我也要拍。”“好吧，你们想怎么拍，我就怎么拍。”于是，一张张和樱花一样灿烂、一样美丽、一样纯洁的笑脸随着一声声“咔嚓”声而永久地留了下来。我悄悄地走到婷婷的身边，轻轻地问道：“你现在快乐吗？”“嗯。”她使劲地点着头。“人的生命都是一个阶段一个阶段的，不管遇到什么，都要让自己快乐！别去怨恨，恨让自己痛苦！”“张老师，您的心思我懂，我不会再担心了，我要快乐地迎接属于我的美好青春！”她挽着我的胳膊，羞涩地笑了……

今天她毕业了，迎来了属于自己的春暖花开！我被孩子们拉着合影，一个声音在我耳边轻轻说道：“张老师，您真好！像妈妈，又像姐姐！”“我真舍不得！不想离开实验小学！”我的心顿时被一种幸福感填满了。是啊，有时候我自己也分不清，我究竟是老师还是妈妈还是朋友？正像我们的校长说的那样：白天，学校就是孩子们的家！也许，当一个老师既要有老师的睿智，也要有妈妈的慈爱，还要有朋友的体贴。教育从来都不是一件简单的事，也容不得急躁！对于那些看起来不需要你操心的孩子，更应该多一份智慧的关爱，真心的帮助！

学会有担当，才有未来。

做个有担当的男子汉

潘 博

刚开始上体育课，就有学生来向我“告状”：小王同学刚才回教室拿器材，不知道是谁恶作剧把门锁上了，他一着急，就一脚把门的锁头踢坏了。我过去问他，他承认了，但是，当我说要向他爸爸告知此事时，他显得非常不自在。

在课堂间隙他凑到我跟前，垂头丧气地对我说：“潘老师，您能把坏掉的锁头给我吗？”我不明白他要干吗，但还是尊重他的意愿，把锁头给了他。之后，有同学向我报告：“潘老师，门被小王同学修好了。”我好奇地问：“怎么修的？”“用笔修好的。”我三步并作两步地奔到教室门口，准备看看他的杰作，原来他用笔套把锁头插着，虽然不稳，但能够勉强让门合上。

下课后我特意告诉他：“这次你表现得不错，首先你能主动承认错误，其次你在想办法解决问题。虽然门没有被彻底修好，但是你的做法也说明你没有逃避而是在补救。现在你还有最后一步要做，就是告诉你的爸爸你今天做错了事，并保证以后再也不会犯了，我相信他会原谅一个有担当的男子汉的！”

“他真的会原谅我吗？”

“会的，男子汉都会原谅男子汉的。”

小王同学点点头走了。而我，在接到他爸爸的电话后，觉得他真的变成了一个有担当的男子汉了。

老师，今天是您值班吗？

林　夏

“老师，今天是您值班吗？”“不是，昨天林老师不是刚刚值过班吗！”

每次我去一E班值班时，一个小女生都会问我同样一个问题，刚开始我以为她只是出于好玩，后来发现其实并不是。

有一天，第四节课下课后，我拿着碗筷准备去班上打饭，刚刚进班，那名女生就跑到我面前问我:“林老师，今天是您值班吗？”我心想: 昨天不是我值的班吗？都一个学期了你应该也清楚每个老师的值班规律了。但我那天没有直接告诉她不是我值班，就问她:“你为什么每天都要问我值不值班？”我以为她会说因为我没有她们的班主任严厉，所以我值班她可以不用闭着眼睛睡觉。结果我猜错了，她的回答是: 因为她喜欢我！

说实话当时我心里有点难受……我怎么能把一个那么单纯可爱的一年级学生想得那么复杂。回头想想，我每次值班的时候她都表现得很好，第一个拿被子，第一个睡着，安静又乖巧。

后来我从班主任那里得知，这个孩子的父母在她两岁的时候就离婚了，她一直跟着妈妈，加上教他们班的又全是女老师，所以她特别渴望来自不同性别的人的关怀。也许，在我身上，她可以找到爸爸的感觉吧。从那以后，每次和她说话我都会弯下腰来或者蹲下来摸摸她的小脑袋。

这感觉真好！

还没有盛开的花，是在等待更多的阳光、雨露。

班级格言树下的成长

王 琼

在各科不做作业的学生名单中，总会有他的名字！在老师办公室里，经常可以看见他的身影！

别看他课上无精打采，但下课铃声一响，他准能像一道闪电瞬间消失在大家的视野里！但过不了几分钟，就会有同学气冲冲地来向老师“告状”：“老师，周鑫把秋千荡得老高，差点摔下来，还被小黄帽扣了分……”“老师，他玩攀爬墙时故意推别人！”“老师，他又拿毛毛虫吓唬女生……”“老师，他又把我的书和笔藏起来了……”

这位让老师头疼、孩子们烦心的调皮大王，其实比班里大部分的孩子还大两岁，但其行为、心智和年龄严重不符！

儿时的他和奶奶在偏远的山村生活，后因他太过顽皮，加之学习一塌糊涂，就跟随打工的父母来到武汉，全家人以卖早点维持生计！其母，典型农村妇女，文盲。来开家长会签到时，连自己的名字都不会写，还是儿子周鑫代签的！其父，因为忙于生计，无暇顾及孩子的教育和学习，但隔三岔五晚上十点钟左右会跟我打个电话，“老师，您知不知道××家长的电话，周鑫到现在都还没有回家，肯定又去同学家玩去了……”孩子完全属于放任自流的散养状态，要求他在家能主动按时完成家庭作业更是难上加难！

我一直在思索，对这样的孩子该如何教育感化。正巧开学初，学校倡议每班孩子集体创作一幅特色画。经过和孩子们的共同商讨，我们班一致决定要设计一棵“班级格言树”用来装饰教室的文化展板墙。

我特意邀请周鑫和同学们一起画巨大的树干、一起剪五彩斑斓的树叶。在小伙伴的帮助下，他一笔一画地在格言树的树叶上写下了自己喜欢的励志格言！写完后，看着自己的作品，他开心地笑了！我则在一旁默默地注视着眼前这和谐的一幕！

“老师想请你帮忙把同学们写好的格言树叶粘贴起来，可以吗？”我用期待的眼光看着他。他红着脸，腼腆地点了点头！接下来，我们一起剪胶布、一起粘贴树叶，最后一起将作品贴上墙。一个小时过去了，这个得力的小助手一点也没有让我失望，我们配合得是那么默契！我笑着欣慰地摸了摸他的头，他也不好意思地涨红了脸，笑了……

第二天一大早，语文课代表就像发现新大陆一样，激动地冲进我的办公室，大声地说道:“老师，周鑫今天居然完成了语文家庭作业！您看看！”我接过他的作业本，仔细端详起来。尽管歪斜的字里行间有反复涂改过的痕迹，尽管很多字都写在了格子外，还有不少的错别字……但至少他能按时完成作业了。这交上来作业里的每一笔、每一画都是孩子认真努力的结果！

“和大人一起读”让每一次陪伴都成为了良辰。

特殊的作业

何 丹

“今天的作业是和大人一起读！”

当我把这个消息在班上宣布之后，孩子们一片萌笑；当我把这个消息在班级群中宣布后，家长们一头雾水。

“和大人一起读”是教育部义务教育语文教科书一年级上册语文园地里新增的一个栏目。在这个栏目里，选编了多篇孩子们喜欢的文章，有儿歌，有故事，这些阅读材料，充满童真童趣，是让孩子爱上阅读的好“食材”。

看到标题，不少人会产生困惑：这里的“大人”指的是谁？是孩子的老师、父母，还是孩子身边的其他成年人？为什么不让孩子自己读，而要“和大人一起读”？“和大人一起读”到底该如何“一起读”？我想，与其坐着思考这一连串的问题，不如咱们就先读起来吧！

第二天上课，我询问孩子们：“昨天都和大人一起读书了吗？和家里哪个大人一起读的？是怎么读的？”

孩子们七嘴八舌地喊着：

“我是和妈妈一起读的！”

“爸爸妈妈加班没回家，我是和姥爷一起读的！”

“上床睡觉前，我躺在床上妈妈读给我听的！”

“那你这可是没有读，老师说了是和大人一……起……读！”嘟嘟一本正经地把那三个字逐个强调，说完后还十分得意地看着我，好像在向我“邀功”——我可是听话的乖宝宝！

我笑着看着孩子们，又问:“和大人一起读好玩吗？喜欢吗？”

孩子们异口同声地回答:“喜欢！”

看到孩子们满足的笑容，之前我脑中的一连串问号瞬间有了答案，“和大人一起读”不就是教材中为孩子们提供的一份适合他们的阅读材料吗？不就是在引领家长和老师为孩子们营造一个温馨的阅读氛围吗？不就是在孩子们阅读的道路上帮他们扫除一下阅读障碍，指点一些阅读方法吗？不就是让孩子在听大人读，或读给大人听的过程中，在无声的文字和有声的语言作用下，对文字产生亲近感，对阅读产生兴趣吗？“和大人一起读”是阅读材料，是阅读氛围，是阅读方法，是阅读兴趣……是大人和孩子结伴走向阅读世界的总和，是让阅读从课堂延伸到课外，延伸到家庭的美妙路径。既然这么好，那就让我们把这美好的陪伴延续下去吧！

课本上每个单元都会有一次“和大人一起读”，也不知是哪位家长率先发起的，将自己和孩子一起读的音频传到了班级群中，这下可好，大家的热情一下子就被点燃了。有和妈妈一起读的，有和爸爸一起读的；有你一句我一句的，有分角色扮演的；有录音的，还有录像的；更有心的还下载了《为你诵读》自由伴奏，伴着婉转动听的乐曲一起来读。每天晚饭后，躺在沙发上欣赏着大家发来的语音，对我来说真是一种享受。突起兴致，不如我也来一段。我下载了《为你读诗》，付费获得了自由伴奏的权限，轻起嗓音，一段《夏夜多美》完成了。

陪伴继续升级！渐渐地，“和大人一起读”的内容已经不再局限于读书中的阅读材料了，也不再是我布置的作业了。家长们会找来一些有趣的文本，饶有兴趣地和孩子一起读，然后再展示到群里；也会在和孩子一起读后，把读书内容和心得放在PPT里让孩子在课前三分钟跟小伙伴们一起分享；更有家长自告奋勇地成为孩子们的“故事大王”，声情并茂地为孩子们演绎，逗得孩子们咯咯直笑……

孩子们笑了，家长们也乐了。晚饭过后，大人们不再是急匆匆地催促着孩子们写作业了，也不再是捧着手机与游戏、韩剧做伴了，而是陪着孩子们阅读，或依偎在沙发里，或端坐在书桌旁；或激情澎湃，或呢喃细语；抑或是为了一个话题争论不休……“和大人一起读”让大人和小孩聚到了一起。

小陈的爸爸是著名的节目主持人，每天忙得昏天黑地，有时甚至一周也见不到孩子一面（他晚归时儿子已经睡下，儿子早起时他还在睡梦中）。可是自从“和大人一起读”开始后，这活儿理所当然地被陈妈“甩”给了陈爸，术业有专攻嘛！哪怕回来得再晚，第二天早上他也会睡眼惺忪地爬起来陪儿子完成，听说有一次还是在上学的路上坐在车里陪儿子完成的。当我把录音播放给孩子们听时，大家个个赞不绝口。看着小陈脸上骄傲的笑容，我相信，他再也不会不理解爸爸的工作，抱怨他的晚归了。“和大人一起读”让父子俩的心贴得更近了。

暑假里，我选择了一本女儿小时特别爱看的童话故事《皮皮鲁和鲁西西传》，每天为孩子们录下15分钟的音频传到班级群里，孩子们每天准时收听，还饶有兴趣地谈论着故事中的有趣情节。故事连播了15天，到第16天停止了……想继续听故事吗？那就和我一起读吧！不久，我便得知不少孩子都购买了这本书，孩子们都迫不及待地和同学们分享自己的读书收获。“和大人一起读”让孩子们的阅读兴趣更浓了。

和大人一起读，一个特别有趣的名字，在读的过程中，孩子们认识了更多的汉字，积累了更丰富的语言；在读的过程中，增进了亲子的关系，加深了心灵的沟通；在读的过程中，激发了孩子们的阅读兴趣，让我们看到孩子们的“我想读”“我会读”“我能读”；在读的过程中，让大人们仿佛重返了童年，和孩子们一起享受了快乐阅读的柔软时光……

第三章 本真

老师不在

欧阳竞

一个周末，我收到好几位家长发过来的微信，仔细一看，是孩子们写的作文。原来，语文老师布置了一篇主题作文，要求孩子们写自己眼中的老师，结果大多数孩子都把我当成了文中的“男一号”。

我带着紧张又好奇的心情点开了一篇篇三年级孩子的文章。我还从没被三年级的学生描写过，他们也是才开始学写作文，会把我写成什么样呢?

“欧阳老师是一个幽默的老师。”“当同学们问不该问的问题时，他总会用‘老师不在’来回答。”“当有同学做出幼稚的事情时，他会问要不要来颗旺仔小馒头？”“有同学做作业时哼歌，他会说如果你的歌声里有数学就好了！”“当一道难题被解答出来的时候，他会开心地喊:‘这就是见证奇迹的时刻！’”……

看到孩子们的这些记录，作为主角的我都被逗乐了，也勾起了我的回忆。

在孩子们做作业或考试的时候，总有学生会问问题。“老师，这题写不写单位？”“这个是什么意思？”“是用加法吗？”……要是我一一作答，那后面就会涌上来一连串的问题，可这些问题其实都是需要孩子们自己独立思考的。断然拒绝或是呵斥的方式不妥当，因为孩子们提问毕竟是出于求知，更何况我们的目的是要培养学生思考的习惯而非撕裂师生间的信任。

怎么办?

当我遇到这种情况时，就是一句口头禅:“老师不在！”

我一直认为一句口头禅最多就是让大家当场笑一笑，真的没想到，随性的话语竟让八岁的孩童们如此津津乐道。

原来，三年级的孩子已经有了自己的价值观，他们可以判别出“老师不在”真正的意思是什么。

有时候，教育要从最真实的地方开始，给学生看到老师最自然的内心景观，就可以获得信任与悦纳，这比各种说教更有效。

舞台并不仅仅属于成熟的演员，也属于每一个孩子。

谁当演员？

林　敏

学校要举办诗歌朗诵节了，将要在全校遴选十个节目。

这是个让展示学生们展示才艺的好机会，我和学生们都不想错过。朗诵什么好呢？古诗词？散文？这些恐怕别人也会在第一时间想到。我们刚上过诗歌单元，学生们都有自己的原创童诗，要不就用学生自己写的诗吧，能让自己的作品在全校师生面前呈现，这不是对学生最大的肯定吗？好，我们朗诵自己写的诗，就这么愉快地决定了！

内容选好了，该选表演者了。这么短小的诗行，显然不适合用集体朗诵的形式，那么，选谁来朗诵呢？我挑选了四首质量比较高的诗歌，一看作者，除了刘冠驿同学是表现能力比较强的，其余三名都是比较胆怯、内向的同学。我知道，他们再怎么努力，也只能读得流畅。至于表演性啦，美感啦，都会有所欠缺。可学校又有选拔的要求，如果费了很多精力，最后又没有较好的结果，大家不是都会遗憾吗？

我有点犹豫了。是不是要派班里几个强手上阵，高雅馨、谢恺航、周佳暄，他们一上场，观赏性肯定会强许多。可是，如果写诗的人能亲自上台读，那将更有意义，因为那是真正属于他们自己的作品。

怎么选呢？我有点烦乱地在空间里翻，随手翻到了从前自己写的日志，那是多年前的一篇随笔。那天，我要在班上选“课前三分钟”活动的主持人，候选的人很多，有许多能说会道的孩子都举手了。最终，我选了小Y，这个漂亮的女孩有点儿轻微的口吃。我知道，对于其他孩子来说，做个主持人轻而易举。对她而言，则要付出更多的心血。可一旦小Y成功的话，她将破茧成蝶。我写好主持词一句一句地教她有感情地读。两年间，她从拿稿到脱稿，从脱稿到能够与观众互动。我的努力没有白费。

好吧，就让这几个小诗人自己上吧！人生路上，许多个舞台都是为成熟的演员准备的，也许他们只有这么一次在舞台上当主角的机会。算了，管它选不选得上。为了让学生们的胆子更大一点，我为每个“诗人”找了一个伴演的同学，身边站着一个人，心里就不会那么紧张了。

宣布名单的那天，我们班的节目居然被选上了。我们真是太开心了，是学生稚嫩童趣的作品打动了评委，还是评委老师能够感应到我们师生的一番诚意？总之，我们的节目在“书窝日”那天第二个出场啦！冷冷的冬日，看着舞台上认真演出的八个孩子，我心里暖暖的。我在心里轻声说：“亲爱的孩子们，在这个舞台上，你们是最好的演员。”

高矮有别，大爱无异。

平均值

陈丹丹

漫步校园，你也许会错过大树的伟岸，但你一定不会错过“长”在树干上的一首首小诗——学生的原创诗歌。在你驻足欣赏时，你可曾注意过，这些作品竟以恰到好处的高度，供路人轻松阅读。

每每从树旁经过，我都会想起这样一个小故事，虽然我没有亲历其中，但是它却影响着踏入校园的每一个人。

孩子是天生的诗人，就让大树帮他们吟诵吧！一场别开生面的校园原创诗歌创作大赛在这个十月展开。经过层层筛选，孩子们创作的近两百首优秀诗歌将“入住”校园的大树。从诗歌创作，到精心设计排版，到最后的装裱，孩子们一步步都有条不紊地进行着。与此同时，为贴挂诗歌作品而制作的创意木牌正在由施工队用麻绳缠挂在大树上。就在几近完工之时，施工队却被通知必须返工。原来，施工队把贴作品的木牌挂在了与个头略高的成年人站立时的视线齐平的高度，一般个头的高年级学生们想赏读作品只能踮起脚伸长脖子，低年级的学生就更难了！

张校长及时发现了这个问题，他并没有随即给出具体高度，而是分别找来低、中、高三个学年段学生各一名，让他们挨个站在大树旁，确定每个孩子的视线高度，然后取三者的平均值。这个平均值就是我们现在走在校园里所看到的诗歌作品的缠挂高度。

这样的高度，个头高的孩子略微低头可顺利阅读，低年级的孩子略微抬头也可完整阅读。也正是这个高度，让每棵大树都会吟诗作画，真正成为展示学生风采的舞台；让每个站在大树旁的孩子都能真正享受阅读的乐趣，真正站在学校的中央！

有的翻找沙坑，有的爬上滑梯，有的沿着花坛一步一停……看着他们脸上洋溢着的灿烂笑容，我心里的甜蜜更浓了。

数学课上的寻宝记

陈安琪

春暖花开时节，孩子更是喜欢亲近自然，我们班的小朋友们，每周最期待的就是那两节体育游戏课了。若天气晴朗，爱动的，能结伴玩滑梯、荡秋千；爱静的，能在沙坑垒出一分天地。若是阴云绵雨，孩子们脸上也绝不会沾上愁容，选择在教室里静心读书、下棋、看动画片，亦是学习之余的欢乐体验。

前些天，正是一场春雨后，我路过沙坑，忽地想起小时候很中意的一项游戏——寻“宝藏”，我想孩子们也一定会喜欢这项游戏的。

但我放什么作为宝藏呢?

我读小学时，起义门还是老城楼，不似现在这般壮观，游人也寥寥，那里便成了我和小伙伴玩耍的天堂。暑假里，我总是与同伴们相聚在那里大玩寻宝藏的游戏。伙伴中有一个姑娘特别有心，她会在城楼里藏许多折好的小纸片，大家伙分头找来，就能去她那领赏，这奖赏有水果糖、小贴画、人物卡片，都是孩子们热衷的东西。

想到这里，我脑中灵光突现。我从办公室里拿了一些数学教具“小三角片”，课间时先把它们藏在了活动区的几个地方。上课铃声一响，我便走进教室，望着一张张期待的小脸，故作神秘道:“今天我们来玩一个特别的游戏，陈老师刚才在活动区藏了很多小三角片，大家一起来寻宝，找到的可以到老师这来换贴纸！”说罢，我摆了摆手中的奖品贴纸。果然，一双双小眼睛闪着星光。他们迫不及待地外出寻宝了，有的翻找沙坑、有的爬上滑梯、有的沿着花坛一步一停，间或响起一声大喊：“你们看，这里有一片！”

“什么！在哪里呀！”一群孩子们蜂拥而上，把这个幸运儿围得团团转。“哇，我也找到了一片！”不远处又有一个喜悦的声音传来，孩子们纷纷围了过去，好不热闹。

游戏时间过了一大半，大部分孩子都找着了宝藏，把它举得高高的，生怕别人看不见似的。小月望着洋洋得意的小禹，想跟他打商量：“小禹，你能不能分一片给我呀，你看你有四个呢，我一个也没找着。”小禹犯了难：“那可不行啊，我是全班最多的，给了你我就不是第一了！”小月也没坚持，只是看着大家都这样高兴，自己难免委屈，眼泪在眼角打转儿。

一段时间后，孩子们陆陆续续回到教室，大部分都兴奋地攥着手中的三角片，有的还忍不住向别人炫耀自己找到了三个、四个……还有的，两手空空，一个也没找着，只能羡慕地看着别人。

我拍了拍手，示意大家安静：“各位探险家请注意，无论你找到多少个，老师都只能给你一个小粘贴——”话还未说完，不满和叹气声就接二连三传来，我笑着说道，“但是，你们可以把多出来的小三角片分享给没有找到的同学，这样你们不仅能得到小粘贴，还能收获一份珍贵的友谊！”孩子们一听，立刻行动起来，送给前桌，送给后座，然后，一起来我这拿奖励，好不热闹。很快，每个孩子都拿到了属于自己的贴纸，看着他们脸上洋溢着的灿烂笑容，我心里的甜蜜更浓了。

一封迟来的信，考验了我，也印证了可爱的你。

迟来的信

熊晓燕

又是一年毕业季，和孩子们相处了那么久，日子似乎就在一瞬间滑过了。我同往常一样，给每一个即将离开的孩子写了一封只属于我们的信。信里面，是我和孩子们之间的秘密，一支歌、一句话、一个难忘的故事……点点滴滴汇成了我们美好的回忆。我小心地将它们装进一个个DIY信封里，放上精心挑选的礼物，在孩子们满怀期待的目光中送给了他们。我知道，我的孩子们也会给我回信的，我满心期盼着！

果然，接下来的一周里我陆陆续续收到孩子们的回信，那一封封装满回忆的信被我当宝贝似的珍藏着。可是，数一数，不对呀，还差一封呢！

“报告！”正在我纳闷的时候，那揣着最后一封信的Pluto（他的英文名）走了进来。我两眼放光，心情有些小激动。Pluto笑着走向我，小心翼翼地用双手捧着那封信，就在我准备接收这封最后的信件时，他竟平静地走过我身边，径直向外教Darla走去……

“Darla，this is for you!”Pluto将手里的信交给了Darla，在外教的欢呼声中我看到Pluto微微侧过脸笑着看向我。我愣了一下，有些小失落，但很快理了理情绪，走到他们面前：“Pluto，虽然我有些失望信不是写给我的，但是你能想到给Darla写信，真的很有心，Lucy一样很感动！”说完我给了他一个大大的拥抱。Pluto有些吃惊，又有些受宠若惊，脸微微地红了。

毕业典礼后的一天，我走进办公室，一眼就看到放在我桌上的雪白的信封。我好奇地打开它——“亲爱的Lucy，其实我早就想写信给您了。只是在最后分别的时候我想考验一下我们的Lucy是不是一个真正可爱的人。于是我故意在您面前将第一封信送给了Darla，想看看您的第一反应，是生气还是替Darla开心，结果您是那么真诚地拥抱了我。Lucy，我永远都会记得您，一个真诚、善良、可爱的老师朋友……”

看着这封迟来的信，我久久不能平静。孩子，你可知道，真正可爱的人，是你！

被信任与信任，同样都是快乐。

老师的魔术饼干

汪　瑾

第一次走进二F班时，我显得有些胆怯。在临床上工作了几年，从来没有面对过这么多孩子。

“哇，这是新来的校医吗？”“哇，好年轻的校医!”班上开始沸腾，大家都对我这个新来的校医感到很好奇。他们围着我左瞅瞅，右看看……突然被一群孩子们包围了，我顿时有些不知所措。

相处后，我发现因为我的好脾气，孩子们特别喜欢我。但同时也有几个特别淘气的孩子，为了引起我的注意，故意在我值班时想着法地捣乱。这可愁坏我了，怎么办呢?

这天，“小个子”又淘气了，不好好吃饭也不好好睡觉。我见状生气地说:“你记不记得答应过我，以后我值班的时候如果你表现得好就可以吃到我的魔术饼干？可是我的魔术饼干带来了，你却说话不算数了，老师怎么可以给你吃？”“小个子”见我真的生气了，只好瘪了瘪嘴乖乖回到了位子上。

没想到说者无意听者有心。午休结束铃响了，在我回办公室的路上，“小个子”突然过来拉着我的手，抱着我讨要饼干。我生气地说:“没有!”他低下头诚恳地说:“老师，我不是真的想要饼干，我只是想要您的信任！”

我惊呆了，心里不禁涌起一种被学生喜欢的自豪感。我开始缓和自己的语气，说:“这次你没有表现好，所以老师不能给你饼干。但是，老师还是决定信任你，下次我值班的时候只要你安静休息，我就奖励你饼干，可以吗？”他固执地说：“不行，我现在就要饼干，老师不给饼干就是不相信我。”

我心里一暖，原来老师的信任在孩子心里这么重要。我又怎么能辜负这一份信任呢？我伸手摸了摸“小个子”的头，微笑着安抚他：“我们要做一个说话算数的男子汉。这次你没表现好，但是老师相信你下次一定会安静休息的，到时候就奖你两块饼干，好吗？”“那……好吧！”他这才满足又高兴地走了。

果然，第二天我值班时他已经安安静静地在教室里休息了。午休结束后，他兴高采烈地跑到我身边，冲着我调皮地笑着。我也笑了，又巧妙地“变”出两块精致的小饼干递给了他。他愉快地接过小饼干津津有味地吃起来了，一边吃一边在教室大声喊着：“老师的魔术饼干真好吃！”

所有能使孩子得到美的享受、美的快乐和美的满足的东西，都具有一种奇特的教育力量。

埋葬“蛋宝宝”

张 涛

学校大队部组织了一场有趣的“护蛋”活动。每个同学准备一个生鸡蛋，将生鸡蛋当成自己的“宝宝”，每天守护它，就如当年自己的妈妈照看幼小的自己一样。

于是，孩子们给“蛋宝宝”穿起了漂亮的“花衣服”（彩纸做的），给“蛋宝宝”画上了漂亮的图案，还为“蛋宝宝”做了一个温暖的窝……就这样，被打扮得漂漂亮亮的“蛋宝宝”就更像一个被“家长”精心呵护的孩子，有家有温暖了。

你看，孩子们，哦，不，是“家长们”每天将“蛋宝宝”放在身边，上课的时候、吃饭的时候、睡觉的时候、上厕所的时候都不曾让自己的“孩子”离开半步，即使其他同学要来探望，也总是小心翼翼生怕磕了碰了，仿佛一磕一碰就会让自己的“宝宝”受伤一样。这多么像妈妈保护孩子啊！难怪三（3）班的周岸之同学在活动结束后深有感触地说：“养一个蛋宝宝才知道妈妈养我们有多么不容易。”是啊，只有亲自去体验了，才会有更深的感触，道德教育才会有实质性的效果。

当然，也有很多“蛋爸”“蛋妈”没有尽到“父母”的责任，他们的“蛋宝宝”诞生不到一周便因为各种原因而“夭折”了。三（5）班的包伊可同学的“蛋宝宝”在第四天的时候不幸被一位鲁莽的同学给撞“死”了，她非常伤心，仿佛真的是自己的孩子离开人世了一般。哭泣之后，她和同学用卡纸做了一个圆圆的“棺材”装着“蛋宝宝”的“遗体”，并将它埋葬在学校一处偏僻的草丛中。不仅如此，包伊可同学还找来了几块砖头，郑重其事地为逝去的“蛋宝宝”垒了一方“坟墓”，还煞有介事地对着“亡灵”祭拜一番……

保护“蛋宝宝”，埋葬“蛋宝宝”，这在成人看来就是小孩之间“过家家”的游戏，但在孩子眼中，它却成了虚幻的真实，因为在游戏活动中，孩子们体验的是生活，收获到的却是对父母的理解，对生命的尊重。

我一直相信人与人之间是有磁场的，哪怕对方只是个孩子。

大山里，有一群孩子惦记着我

李　玲

麻城龟山镇矮桥小学，一个依山傍水、田野环绕的学校，在这里上学的孩子基本都是留守儿童。半个月前，缘于“艺术第一课”援教活动，我和他们得以在一起生活、学习。我一直相信人与人之间是有磁场的，哪怕对方只是个孩子。经过一周的接触，我们从最初的好奇、陌生到彼此能轻松自如地接纳对方，我能感觉到，这些孩子已经彻底接纳我了！这不，因为和他们之间的一份承诺，今天，我如约而至，又来到了这里。

站在操场，孩子们簇拥过来不停地向我问好，有的不好意思过来，就躲在后面睁大眼睛看着我笑。这时，三（2）班的几个孩子大声地说：“老师，您知道吗？自从您上次离开，官飘镒就把您的名字刻在了他头上！”“什么？”我顿时一愣，“在头上刻字，这对自己的身体不是一种伤害吗？”经过一番仔细询问，我才松了一口气，原来他是在班级评比栏中自己的照片上刻上了“李老师”三个字。在孩子们的带领下，我来到评比栏前，只见照片上的官飘镒咧着嘴笑盈盈的，两颗小虎牙显得十分可爱。在他额头上不知用什么工具歪歪扭扭地刻着“李老师”三个字，十分清晰。从上面的刻痕来看，这孩子一定用了很大的力气，每一笔都来回刻了好几次。“为什么要这样做？”官飘镒低着头，小声地抽泣起来，嘟哝着：“我喜欢您给我们上课，可是上次您却离开了，我怕您不会回来了！”听到这里，我的心情似涟漪般波动起来，眼眶不由得湿润了，我一把抱住他，这孩子分明是想把我深深地印在他的脑海里啊！我只不过给这个孩子上过一次美术课，这只是一个老师工作中最为平常的事情！对一个老师来说，还有什么比学生对他的认可更让他感到幸福？教育，不正是因为这些鲜活可爱的生命而显得更加灵动吗？

一切都是这么美好，感谢命运，为我们安排了如此美好的相遇。

树上长出的诗，让每个孩子看见成长中的自己！

树上长诗

朱 琴

校园的树上长诗啦！是的，今天，孩子们的诗被挂在了一棵棵大树上，引来了众多的欣赏者。

下午，一个清秀的小女孩推开办公室的门，怯生生地走向我："请问您是朱老师吗？我来是想问一下，我的诗……能挂在树上吗？"我笑了："能啊，还没挂完呢，现在只是挂了门口的两排，里面还有一百多棵树呢。"她看着自己的脚尖，说："可我没有找到我的诗。"

我连忙拿出放在我这儿的诗，捧给她看："还没有挂好的诗，都在这里呢。"她轻轻地问："还会淘汰吗？""不会的！"我感觉自己已经在急切地发誓了。但我想，还是得找找，看她的诗是不是确实还在。于是我把学生的作品摊开来，"你找找看。"她有点慌乱地开始找……我拿过来一半，"一起找吧。"

正翻着，她又轻轻地说："老师，您去做自己的事吧。""嗯，怎么了？""您去忙吧，我来找，这太麻烦您了。"那一刻，我的心里好像被注入了一股热流，暖暖的。我做出若无其事的样子，继续找，边找边说："不麻烦。"

找到了，这是一首朴实的小诗，不算精彩，但看得出来，是很用心地写的，因为动情了。我看着她的眼睛说："找到了，你可以放心了。"她还不肯离去，盯着桌上的诗："这些肯定会被挂上去吗？我好想我的诗能被挂在树上。"我站了起来，面对着她，郑重地说："一定会，我保证，我记住了你的名字，还有诗的名字。"她微微地笑了，边后退边说："老师，您看这首诗，可以被选上吧？""可以的，真的可以！"……

她离开了很久，我的心还不能平静下来，原来在孩子心里，这是如此重要的事情。那么，在校园的哪棵树挂上她的诗呢？让她不用太难找到，并且对得起她鼓足了勇气跑这么一趟的诚心。

树上长诗，诗跑进孩子的心里。

没有自我教育就没有真正的教育。

一张纸的纠纷

鄂冬明

下午第二节课后是眼保健操时间，大家都很认真地跟着音乐做着，可是坐前后排的万思虹和李宗锦，不停地拉拉扯扯，特别是李宗锦，一边使劲抢着什么，一边用眼神向我求援。走近一看，原来他们在抢夺一张揉得有点皱的纸，一张从数学作业本上撕下来的纸。

是怎样的一张纸值得他们去这样争抢？我赶紧走过去询问。

李宗锦生气地说："是我的纸！"万思虹说："是我的画！"两个人开始大声争吵起来。我接过那张纸一看，纸的一面画了一把直尺，上面很认真地标上了刻度，另一面画了一个美女头像。经过询问，我终于弄清楚了事情的来龙去脉。原来李宗锦今天没有带尺子，借同座的直尺做样子在一张作业本纸上画了一把尺，下课后夹在书里的纸不小心掉在地上了，被万思虹捡去并在反面又画上了一幅画。后来李宗锦发现了，万思虹却又舍不得把纸还给他。

怎么办呢？

我请同学们来想办法，小手纷纷举起来。容鸿宇认为男生应让着女生，李宗锦应该把纸送给万思虹；刘雨韵觉得万思虹捡到别人的东西不应该在上面乱画，因此应该把纸还给李宗锦……大家七嘴八舌地议论着，李宗锦因为数学课还要用尺子，所以不愿把纸送给万思虹，万思虹憋红了脸小声嘟哝："今天是我妈妈的生日，她生病住院了，我想画一幅画送给她当生日礼物。”

“哦，原来是这样，李宗锦上课不能没有尺，而万思虹是个爱妈妈的好孩子，这可怎么办呢?”我左右为难。教室里一下安静了，热心的吴雨欣递给李宗锦一把尺子，“我借给你。”张楚乐从图画本里撕下一张纸递给万思虹:“万思虹，你再画一幅吧。”还有的同学也拿出自己的尺或纸，场面很热烈。最后李宗锦红着脸把纸送给了万思虹，万思虹含着眼泪说:“我今天做得也不对，只想着画好画放学去医院送给妈妈。”我怕她眼泪掉下来，马上接话说:“让我们一起鼓掌，为他们高兴，为我们全体同学点赞!”掌声顿时响起了。

接着我提议每个同学在这幅没有完成的画上加一笔，最后大家一起合作画成了一个大“蛋糕”送给万思虹妈妈，祝她生日快乐、早日康复。

一张纸的纠纷引出了一段温暖的故事。其实，有时候与其说我们教育孩子，不如说孩子教育了我们!

守着你们的秘密，打开你们的心门，让我们走得更近。

不能说的秘密

朱 颖

我从今年9月份开始担任四E班的副班主任。尽管我一直是他们班的英语老师，但除开教学，我在生活中与他们之间的联系与互动并不是太多，对学生缺少了解。

为了加深对他们的了解，在上周二的晚间课时，我给孩子们布置了一项特殊的作业，给每一位同学发了一张纸，请同学们在这张纸上，写下可以与我分享的秘密，或者是不能告诉其他人却急需解决的问题，或者是与我们班同学之间发生的有趣的事情，或者是发生在学校里难忘的一件事，或者是他们最喜欢的人或者物品……

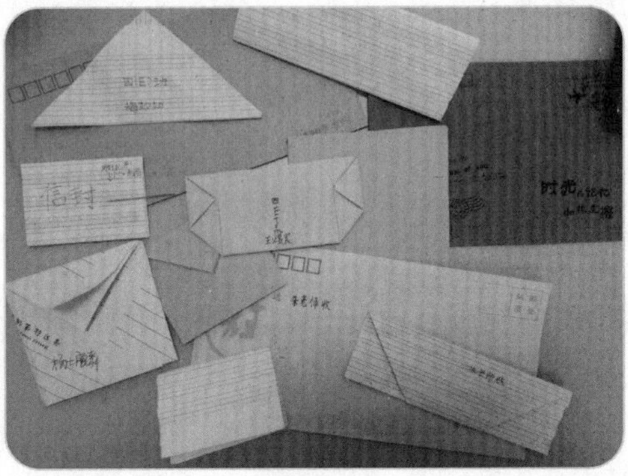

第二天，学生们陆陆续续地将他们的秘密交给了我。有的用买的信封装好，有的则用自己亲手折的信封装好。有一个小女孩跟我说："老师，我很开心与您分享我的秘密。"那个时候我才知道，他们也想与我亲近。

待我慢慢将你们的秘密读完，慢慢地与你们的心走得更近。

谦让，体现在生活的方方面面。

你是一个大度的小男子汉

胡　丹

这天，我一进教室就发现小俊在对小欣大喊大叫，小欣将头埋在桌子上像一只受伤的小兔嘤嘤地哭着。我把小俊叫到身边，轻声问他："妈妈在家里有没有跟你说过要让着女生？"他斩钉截铁地说："说过。"听着他如此确定的回答，我笑了。"既然你知道，现在为什么做不到呢？"我让他看向小欣，问道，"你知道男生为什么要让着女生吗？"他不语。

下面的同学忍不住开始三言两语。

"因为男生比女生长得高。"

"因为男生比女生长得壮。"

"女生需要男生保护！"

……

我笑着看向小俊："看，同学们都知道！"

他头一歪，说："我也知道！可是，是她先抢我的笔的！"

我说："她抢你的笔是她的不对，但你打人就是你不对啦！你觉得现在应该怎么做呢？"

他眨眨眼睛，思考了几秒钟，慢慢走到小欣的座位，很诚恳地跟她说："对不起！我不应该动手打你的。"然后站在小欣身边直到她抬起头说了"没关系"才回到座位。

我在班上表扬了小俊:“你是一个大度的小男子汉！”随后，我看到班上所有的男生都向他投去了赞许的目光。

谦让，体现在生活的方方面面。同在一个班集体，难免会有矛盾发生。学会了谦，就拥有了一种气度，一种情操！宽容和大度，才是一个男子汉的真正气概！

孩子应该有孩子的天性，应该只懂该懂的事，应该拥有自己的快乐！

孩子，你不用太懂事

段军丽

冰心说：“童年是梦中的真，是真中的梦，是回忆时含泪的微笑。”对于懂事的孩子来说，这微笑里总会带着些沉重。他们顾及所有人的情绪，唯独忘了自己。

早上入园时，有一名大班的孩子哭着不想进来，妈妈劝了一会儿后有些生气地说：“你这孩子真是不懂事！”值班的老师也过来解劝：“你现在是大班的小朋友了，要做个懂事的好孩子呀！”最后孩子忍住泪水和妈妈说再见，但眼中满是失望和无奈。看着孩子远去的背影，我的内心久久不能平静。

从小到大，父母对我的教育就是要做一个懂事、听话的孩子。父亲是名军人长期不在家，母亲一个人除了上班还要照顾我和姐姐，我们的听话懂事会让自己少受些责备，也会让她轻松些。现在细细想来，大多数听话懂事的背后我的内心是不快乐的。

作家张悦然在《樱桃之远》中指出：“孩子是最坚忍的人群，他们还不懂得用逃脱抵制痛苦，也不懂得用宣泄反抗折磨，他们只能伸着冰凉的小手小脚，甚至根本不会有人察觉到他们久久不能平息的心悸。”所以我总是想，孩子是可怜又可敬的。

早餐过后，我还是放心不下那个孩子，在班上找到了他。这时的他已经没有眼泪了，在那里翻看着一本图书，依然不开心的样子，看见我还不好意思地低下了头。简单的交谈过后我才知道，他早上的泪水只是想向即将出差的妈妈表达自己的不舍，但是他又想做个懂事的好孩子，不想惹妈妈生气。唉，我可爱的孩子，你的懂事是那么让人心疼！在我的鼓励下，他用我的手机给妈妈打了个电话，虽然只是短短的几句交流，但我能够感受到此刻他内心的快乐！

其实，孩子的成长是一去不复返的，许多成人也许不知道，在我们的生活里除了懂事、乖巧，还有委屈和不快乐。在还未能分辨宽容与谦让、委屈与自责时，孩子懂事的背后往往是深深的担忧，担心别人会不喜欢、会生气，渐渐地他们就会失去孩子应有的天真。

孩子，你不用太懂事！你应该有孩子的天性，应该在幸福的时光中慢慢地成长，应该只懂该懂的事，应该拥有自己的快乐！

给孩子一个拥抱，她还你一个微笑！用拥抱传递师爱，用拥抱开启孩子美好的一天！

一个拥抱

熊艺娜

开学之前，我们对班上的每个孩子都进行了一次家访，了解每个孩子的一些基本情况，例如有没有上过幼儿园、会不会自己进餐、身体素质如何等。有有在此之前上过幼儿园，据妈妈说，她一次也没有哭过，适应得非常好。对于像有有这样有幼儿园生活经验的孩子，我自然是喜欢得不得了，以为开学后不用费尽心力去安抚她焦虑的情绪。

开学第一周，有有和其他孩子一样，每天都会哭，入园时哭，进餐时哭，午睡时也会哭。我想大概是因为换了新的环境，加上其他孩子的哭闹对她也产生了一定的影响，所以她的情绪有些低落。每次她哭，我都去简单地安慰她几句，但也仅仅只是简单的几句安慰。“有有，你可是要当班长的哟，是小三班最能干的小朋友，不能哭呀。”“如果想妈妈了，实在忍不住了，就哭一小会儿。”

一周过去了，有有依旧每天都会哭，而且有越来越厉害的趋势。她总是哭着问我，“我们要去干什么”。我百思不得其解，有有为什么会这样呢?吃早餐的时候，有有又在偷偷流眼泪，我又如往常一样简单地哄了她几句就去抱正哭闹得厉害的乐乐了，乐乐在我的怀中渐渐平复，这时，有有哭着走过来，轻轻拉了拉我的衣服，我们俩对视了一会儿，她才缓缓说道:“熊老师，你抱抱我吧。”瞬间，我似乎明白了什么，毫不犹豫地给了有有一个大大的拥抱。

原来，一个简单的拥抱就能让有有停止哭泣，一个简单的拥抱就能让她在幼儿园里快快乐乐地过一天。发现了这个秘密后，在每天的晨接时，我都会在第一时间给有有一个拥抱，用这个拥抱传递给她满满的爱！

真心去呵护，耐心去指导，孩子们就会磨去棱角，发出亮闪闪的光！

用爱磨掉棱角

韩　雪

在幼儿园一日活动中，老师们最喜欢、关注最多的都是懂事听话的孩子，而那些不听话、爱捣蛋的孩子往往得不到老师的关心，还时常受到批评教育。细想起来，其实这些喜欢调皮捣蛋的孩子，更需要老师的关爱。

熙熙是一个特别活泼可爱的孩子，大大的眼睛，高高的鼻梁，看上去很讨人喜欢。可他又是典型的调皮大王、捣蛋鬼，小朋友们都不喜欢跟他交往。通过我的观察，我发现熙熙其实特别喜欢与小朋友们一起游戏。

每次在区域活动中，小朋友们都在那“热火朝天”地忙着，熙熙也在其中玩得不亦乐乎！但他与人交往的方法不是很正确，所以经常会发生一些不愉快的事情，被小朋友“投诉”：“老师，他抢我的图书了！”“老师，他用玩具打到我的头了。”每次收到小朋友的“投诉”，我都会批评他，告诉熙熙这些行为是不正确的，他每次都很无辜地点头接受，但是依然会再犯。

在我们班的“我型我秀”活动中，小朋友们全部盘坐在地垫上欣赏小明星表演节目，但是他一直像个小陀螺一样，多次提醒他之后他还是不能好好地坐着，他说：“老师，我盘腿坐就会倒。”这次我没有用严厉的语气去批评他，而是关心地蹲下来扶着他：“没事，老师保护你！”没想到这句话却比我发脾气还要有效得多。于是，我开始反思，在小朋友做出一些不好的行为时，我们是否可以先思考一下他为什么要这样？能不能换一种方式来引导他呢？我想起了著名的教育学家陶行知的“四颗糖”——面对犯了错的孩子用关爱的方式，能达到更好的效果，尊重和爱能让他们变得更好。我相信爱能磨平孩子的棱角，让他们变得更加友善和可爱。

“人之初，性本善。”每个孩子的内心世界都是纯洁的、善良的，调皮的孩子也不例外。“一切为了孩子，为了一切孩子，为了孩子的一切”是我们的教育宗旨，爱是我们的教育手段，只要用心去了解孩子幼小的心灵，真心去呵护，耐心去指导，他们就会磨去棱角，发出亮闪闪的光！

静下心来听孩子说话，用倾听开启他们心灵的窗户，真正走进他们的内心世界。

蝴蝶的凌乱美

杨　艳

还记得在一次以“蝴蝶”为主题的绘画活动中，我先提出了绘画要求，孩子们接着开始创作。我在巡回指导时，发现成成的画不但颜色单一，线条凌乱，而且在蝴蝶外边还有很多密密麻麻的黑点。当孩子们把所有的蝴蝶都用水彩笔装饰完后，我开始评价。首先我鼓励了孩子们：“小朋友们能把图案都画在蝴蝶翅膀里面，颜色漂亮、线条整齐，你们真棒!”然后我将成成的画作为反面例子，告诉孩子们：“蝴蝶都是绚丽多彩的，我们可以多用一些颜色，在装饰蝴蝶翅膀的时候，要把图案画在轮廓里面。”没想到成成听见了我的话，说：“那些黑点点是蝴蝶生的宝宝，等小黑点长大才能变成大蝴蝶。”我顿时不知该如何回应，如果在全班孩子面前肯定成成的话，那么下次绘画活动时，万一有孩子效仿，也不按照要求，将画画到轮廓外边去该怎么办呢？但是如果不给予肯定，那我会不会抹杀成成绘画的创新思维和热情呢？

课后，带着种种的不安，我将本次活动目标又翻阅了一遍，目标中提到：能运用各种线条、图案、色块装饰蝴蝶翅膀。成成的画明显与我的预设是不符的。遇到这个情况，通常我们的第一反应是认为成成的画不好看，他没有按照要求完成画作，然后将他的画作为反例，在全班孩子面前指出来。这里可以看出两个问题：一是站在成人的视角评价成成的画，过于主观地认为成成的画不好；二是将成成的画作为反例。我认为这样的教学行为是不妥的。教学不是单项活动，而是双项活动，是教师与孩子互动与同构的过程，教师切不可主观地要求孩子按照自己的要求完成活动。虽然成成的绘画技巧有待提高，但是他能联系已有经验，大胆表现，拓展画面内容，我们应该肯定成成的创意，而不能轻易地将孩子的作品作为反面教材来点评。

绘画活动中的分享交流环节是激发孩子绘画兴趣，提升孩子绘画品质、绘画情感、绘画技巧的重要途径。在这个环节中，我们需要做到学会倾听——给孩子自我评价的空间。即绘画活动结束后，教师应作为倾听者，给孩子表达的机会，尊重孩子的绘画思想，鼓励孩子的绘画行为；学会点拨、丰富绘画色彩及线条经验，激发、点燃孩子的绘画创作激情；通过多种方式，如创设良好的绘画空间、创编有趣的绘画情境、选择孩子熟悉的绘画内容、采取积极的语言鼓励等，激发孩子对绘画的兴趣和热情。

循循善诱、诲人不倦的是老师。

洗手时别把水弄到裤子上了

尹正兰

这天午睡起床后，小朋友们像往常一样坐在各自的位置上。我发现杨杨小朋友还没有坐下，就叫了一声："杨杨！""哎！""你在干什么呀？""没干什么！来了！"大家看着他慢腾腾地走过来，走路时，脚是直直地，两腿分开，走得很慢。我忙问："你脚怎么了？""没什么！""那你为什么这样走啊？"他低下了头，默不作声。旁边的亮亮小朋友说："老师，他把尿拉在裤子里了，他的裤子湿湿的。"大家都七嘴八舌地说了起来……这时杨杨的头低得更低了，小脸通红，很不好意思的样子。看到这个情景，我赶紧笑着对杨杨说："你刚才洗手时是不是把裤子弄湿了？"他看着我，轻轻地点了点头，我摸着他的头又说："以后洗手一定要小心，别把裤子弄湿了，我们去换裤子吧！""知道了！"他笑着对我说。换好裤子后他高兴地坐到了自己的位置上！

孩子是天真的、活泼的，我用巧妙的谎言保护了他的自尊心。我虽然撒了谎，但它是善意的、美丽的。在平时，如果我们能多用一些巧妙的言语来调节孩子的心情，掩盖一些不愉快的事，那样我们会觉得孩子的童心是那么可爱，而我们也会在教学上收获得更多！

小小蛋糕，力量无限。

爱的蛋糕

肖 曲

毕业在即，我为全班孩子举办了小学生活中的最后一个集体生日会。中午吃饭时，家委会的几位妈妈想着这是孩子们在小学过的最后一个生日了，就给每个孩子送来了一个她们亲手做的小蛋糕。

拿到蛋糕，孩子们高兴极了，男生们狼吞虎咽地吃了起来，女生们则在优雅地细细品尝。这时，一个与众不同的身影引起了我的注意——平时最爱吃蛋糕的小陆同学，竟一口也没吃，而是拿出一张餐巾纸将蛋糕小心翼翼地包了起来，然后拿着蛋糕匆忙地走出了教室。我很好奇，赶紧跟了出去，站在走廊上看他要去哪。只见他快步走下楼梯，穿过操场径直走向了对面的教学楼。这孩子要去干什么？我心中满是疑惑。

睡觉铃声响起，小陆同学才气喘吁吁地跑回来，手上的蛋糕已经没有了。我走近他，好奇地问道："你刚刚那么匆忙地去哪儿？"

"我去送蛋糕了。"他满脸笑容，"送给我手拉手的小弟弟了。您不是常跟我们说要学会分享，要关心同学吗？我马上就要毕业了，以后没有机会再关心小弟弟了，正好他也爱吃蛋糕，我就想着把这个送给他吃。您不知道，刚刚，他有多高兴！"

天啦，我没听错吧！眼前这个小陆还是我认识的小陆吗？以前的他最不喜欢的就是与人分享东西，更别谈他最爱的蛋糕了。我一把拉过他，给了他一个大大的奖励拥抱。

蛋糕虽小，爱却无限。

不是功夫熊猫，是“野丫头”

周 峥

知道我会写她，她羞涩地躲在我的背后，小心翼翼地问我：“为什么要写我？”我调侃地答道：“因为你不听话，所以我要上报学校。”见她听后撇嘴巴，我眯眼一笑：“吓唬你的，傻丫头，选择你是因为你特别呀！”听我这么一说，她惊叫了一声跑了！

她，不是别人，正是我们班的马沧澜，小名“阿宝”。初听这个名字我还纳闷，怎么偏起这么个名字呢？仔细询问之后才知，原来是阿宝妈怀她的时候，电影院正在播放《功夫熊猫》，阿宝妈特别想看，于是阿宝爸带着阿宝妈前往电影院，就是在那一天，阿宝妈灵光一闪决定给肚子里的宝宝取个小名为“阿宝”！

阿宝是个很特别的女孩子，因为她特别野，为什么这么说？因为她就是个放养的“野丫头”。她不喜欢穿裙子，每逢周末就去爬山，在沙滩打滚，这种生活方式，造就她不拘一格的“野”！你看她平时的造型，扎着哪吒头，穿着宽松的绿衣红裤，黝黑的脸上时不时还挂着鼻涕，不知道的还以为她去山里住了一段时间呢！

别看她如此放荡不羁，成绩却是没话说的，因为她特别踏实，学习态度端正，很会抓紧时间，从不把能在学校完成的作业带回家。下课的时候她和同学们照常嬉戏，上课的时候她争分夺秒，永远都是在聚精会神地听讲、写作业，学习效率非常高！

虽做事风风火火，但是她也有细腻的一面。每到下课时间，她宁愿不去玩耍都要下楼来到我的办公室，不是因为有事向我“禀报”，而是想陪我聊天。我问:“阿宝，你怎么不去和同学们玩？上去吧！”“不，您一个人在办公室孤单，我要陪着您！”说着还伸手给我揉肩膀，那一刻我才意识到，我们的阿宝真的很体贴！

看着阿宝一天天长大，我心里很欣慰，因为她并没有随着年龄的增长变得让我陌生，反而保持着她的天性——纯真、善良、乐观，陪伴我度过六年，看到她，我所有烦恼都会烟消云散。

是她，我的小跟班——阿宝，不是功夫熊猫的阿宝，是“野丫头”阿宝！

第四章 看见

他，用自己的行动阐述了责任。

小守门员的责任

黄　蕾

前不久，我校足球队和兄弟学校的足球队举行了一场友谊赛。在那天的比赛中，由于我们的队员和对方队员的实力悬殊，胜败几乎都系于守门员一人。我们的目光聚焦在守门员身上，而这时的守门员涂成城简直就是一个勇猛的战士，对方队员连射三个球，都被他一一扑出。下半场的时候，对方射门，涂成城上前抢球，结果没能一脚抢下这个球，眼看球向球门线慢慢地滚去，他一个转身补救，把球牢牢地压在了自己的肚子下面。他的勇猛使在场的每一个人都为他欢呼。

他就这样一次次地跌倒，又一次次地爬起来，不由得让我心痛起来，他就像一名英勇的战士，不到最后绝不倒下。

比赛完回家，他和我正好同路。我问他："成城，今天累了，回家要爸爸妈妈犒劳你一下。"他抹着额头上的汗，憨憨一笑说："爸爸妈妈弹棉花，每天很辛苦，我回家就跟他们帮下忙。"我顿时愣住了。一问才知道，成城家很困难，靠弹棉花为生，前不久他家中发生了火灾，所有东西都被烧得一干二净，为了重振家业，他家中每个人都更加努力。"你怎么不跟老师说呢？大家可以捐款帮帮你啊！"成城咧嘴一笑，黑黑的脸上一口白牙特别醒目。

"爸爸说，自己能行的就不用麻烦别人。我们辛苦一下，熬过这段时间就好了。我现在也可以帮忙了。"

我情不自禁搂紧了他，那小小的身躯，扛着责任。

这个小小的孩子，给我上了深刻的一课。

我的“大白”

代　鹏

那是一个春天，和往常一样，下课铃响以后，我安排课代表和组长清理好实验材料送回办公室，便离开教室。刚走出教室没几步，突然一个小男孩跑到我身边，略带羞涩地递给我一个“大白”挂件，并小声地说：“代老师，这是我送给您的礼物。”我急忙道谢，话音刚落，他就转身跑回了教室。中午，我把他送给我的“大白”挂件拿来仔细端详，发现这是一个由学生亲手用可塑泥捏制而成的挂件。

我把它放在了科学教室的讲台上，为了每次上课时能够看到它。因为作为教师的我，要努力成为每个学生心目中的“大白”，有温暖的怀抱，有暖心的微笑……

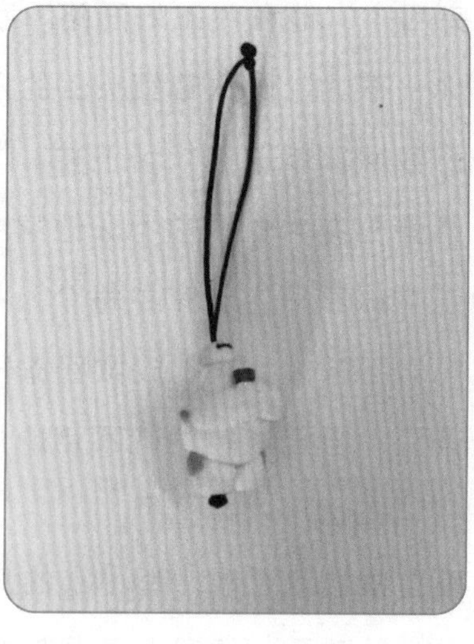

数学的“魔力”

李再萍

这一天，阳光正好，春风拂面，在武昌实验小学的升旗仪式上，难得登台讲话或表演的数学老师们却在师生们面前绽放了数学的魔力和魅力，让老师欢呼，让学生们欢呼雀跃，让学生开开心心地见识到数学的美好。

在“马小跳”（马金文老师）、“榴小莲”（刘莲老师）的极力吆喝下，“星星魔术大师”（徐星老师）身披魔术师专用斗篷，手持金光闪闪的魔术棒上场，15位爱好数学的小朋友们作为助演嘉宾依次登台，每位小朋友手中分别拿着写有各种不同数字的四边形、五边形和六边形。

星星魔术大师和他的助演嘉宾一起，为全校师生表演了一场精彩的数学魔术——“星星知你心”：老师、同学们任选两个不同图形，只要告诉星星魔术大师这两个图形中的数之和是多少，星星魔术大师就能迅速、准确地猜出老师、同学们选的是哪两个图形。

这一段表演，真可谓圈粉无数。两千余人的操场上，小手如林，一时间声浪如潮。几轮表演中，星星魔术大师均精准地猜出了大家选的是哪两个图形。原理是什么？秘诀在哪里？在大家的急切期待中，星星魔术大师清了清嗓子，示意全场安静，并请15位助演嘉宾按照手持图形的形状重新排列，手拿正方形的、五边形的、六边形的同学分别站在一起，请大家跟随他的魔术棒一起观察，揭开了他的谜底:

1. 所有正方形上面的数都可以被3整除，所有五边形上面的数都可以被3除余1，所有六边形上面的数都可以被3除余2。

2. 如果选的是正方形和五边形上面的数，它们的和被3除一定余1；如果选的是正方形和六边形上面的数，它们的和被3除一定余2；如果选的是五边形和六边形上面的数，它们的和一定可以被3整除。

3. 反过来，当老师同学们报出所选的两个图形上的数之和时，星星魔术大师就在心里把这个和迅速、默默地除以3。如果余数是1，就知道挑选出来的是正方形和五边形；如果余数是2，就知道挑选出来的是正方形和六边形；如果没有余数，就知道挑选出来的是五边形和六边形。

伴随着星星魔术大师的解密，大多数老师同学豁然开朗，深深地体悟到了其中的妙趣，大呼原来如此。还有些老师同学若有所思、跃跃欲试，想再次验证确认一番……

趁热打铁，“马小跳”和“榴小莲”老师爆料了星星魔术大师的成功秘诀来自于他阅读的一本数学课外书——《惊人的数学魔术》，并向同学们隆重推荐了其中另外几个特别有趣的数学魔术。同学们突然体会到数学学习的意义，突然发现“冰冷的数学规则”的独特魅力和魔力……

与此同时，学校顺利带领全体同学启动了本学期的数学阅读之旅，动员全校同学参与数学阅读活动的大幕就此拉开！

每一个岗位都需要努力和奉献。

我们不容易

段俐萍

得知学校要组织跨界体验活动的消息后，我立刻跑到校长室去报名了。我的初衷是想到学校外面的世界去看看企业里的员工是怎么做事的？他们的管理和学校的管理有什么不同？他们的食堂是怎么运作的？他们……好多个问号在我的脑海里盘旋。

来到公司，接待人员热情地为我们介绍了公司先进的管理理念和规范的管理模式，让我们体会到了公司多元的文化。

随后，到了让我们最兴奋的体验环节。我们被分成若干个小组下到最基层的车间参观并参与他们的工作。我和几个同事被分配到了试验区。领头的班长见我们人多，为了保障我们的安全，又把我们分成了三个小组，每组三至四人。我和另外两个老师被分到了激光切割组。这个组所在的车间很简陋，由几个玻璃隔断房组成。中间的一个房间有两张办公桌和两名工作人员，两边的房间里各有一台激光切割机，正在有规律地切割着一块大钢板。两名工作人员中，一个正在电脑上操作着，另一个则时不时透过玻璃小窗监测着切割机的运行。工作人员安排我们几个在一边观察，于是我走到操作电脑的工作人员身边问道：“你的工作在这儿是不是属于比较轻松的呀？这个激光会不会对你的眼睛有刺激呀？”他一边在电脑上熟练地操作着，一边很耐心地说：“你现在看到的只是一个很小的方面，其实我们事先都要经过反复试验、精准计算才能编好电脑里的切割程序，为了这个程序我们可是熬了无数的夜哟！而且，在制作的过程中，还要密切关注机器是否在正常运作，如果发现有异常情况出现，立即要停止操作，随时调整，只有这样才能把失误降低到最低。虽然激光对眼睛有刺激，但是我们会做好安全防护措施的，在我们这儿安全是第一重要的。”的确如此，不管我们走到哪儿，到处都是安全警示标志。我听完也感慨万分，是啊，他说得没错，很多事情表面看上去很简单，背后却复杂万分。小伙子笑嘻嘻地主动问我：“你们老师的工资待遇肯定很好吧？”还没等我回答，他又接着说：“我们不能和你们当老师的比，但是我对自己一个月五千多的工资还是很满意的，工作了五年我已经在工厂附近买了婚房准备年底结婚了……”

从小伙子身上传递出来的满满的正能量深深感染了我，让我认识到不管是从事哪个行业，只有热爱自己的工作，才会无私付出，只有辛苦地付出了才会有收获。各行各业都不容易！

跨界体验后，我对规范、自信、知足、坚持、幸福有了更全面的诠释，也对自己的工作状态和心理有了新的认识。能在文化底蕴深厚的实验小学里工作，我自豪感倍增。你看，校园里那个乐观、开朗、向上的我正在努力奔跑，跑出更多的“不容易”！

因为爱，让我看到了最本真的你！

爱，成就了你和我

韩 履

还记得参加工作的第五年，我接手了四年级的一个班。班上有一名男生叫张卓，性格内向，成绩也不理想，课上从来不主动举手发言，课下更不会和老师有多的交流。每次看着他那不自信的眼神，我的心里真的很不是滋味，我想用爱融化这个孩子内心的冰山，让他拥有这个年龄段的孩子该有的自信与阳光。于是我主动联系家长，了解孩子之前的学习状况及在家的生活状态。从他的妈妈处我得知，孩子从小数学成绩就不好，理解能力不强，反应比较慢，因为这个原因，他经常在课堂上或作业时被老师批评，久而久之他对老师非常害怕，也越来越没有自信，成绩自然也就很不理想了。但孩子本身是很单纯的，很想学好，更想与同学和老师愉快地相处。听了孩子妈妈的话，我的心里五味杂陈，当时我就下决心一定要通过自己的努力，让这个孩子有所改变。

我开始选择合适的机会慢慢接近他，让他从内心先接纳我。那时候，他们都是住校生，每天晚饭后自由活动时，我都主动约他一起在操场散步，聊他的兴趣爱好，聊他的课余生活，聊着聊着，他的话慢慢变多了，脸上不再是害怕的神情。有时候，说到开心处，他的脸上露出了掩盖不住的本真笑容，那时，我知道，张卓已经打开了自己的心扉，我们的心已在慢慢靠近。有时候我还会特意把他约着，一起参加其他同学的游戏。游戏中的他，没有课堂上的严肃，只有孩子们之间相处时的轻松和愉悦！与张卓聊天时，我还会鼓励他，不会的题目尽管来问老师，老师愿意为他讲解所有的题目，哪怕是在别人眼里再简单不过的问题……听着我的心里话，张卓眼里泛出了泪花，我知道，我的话孩子听进去了，我的爱他感受到了。慢慢地，大家经常会看到张卓来办公室找我聊天或是问问题；课上我也能在众多的小手里，找到他那只自信的手；小组讨论时，也可以听到他虽不成熟但却自信的声音了。虽然张卓的成绩还有待提高，但是看着他脸上自信的笑容，听着他自信的回答，我也忍不住偷偷地抹起了眼泪，张卓成为了最好的自己，这是成绩无法换来的呀！

转眼，寒冷的冬天到来了。一天早上，我到办公室，发现桌上放着一盒护手霜和一张贺卡，我很诧异。打开贺卡，熟悉的字映入我的眼帘：韩老师，我观察了一段时间，冬天您写粉笔字后，手很容易皲裂，所以我上周回家就给您买了这盒护手霜，但是没勇气当面送给您，就用这种方式了，您一定记得擦啊！没有署名，我却知道是张卓。顿时，泪水模糊了我的双眼，我感动地抽泣起来，一边抹眼泪一边跟办公室老师分享我此刻的幸福。

爱，成就了你，也成就了我！

让我们彼此温暖，再不孤单。

大山里的相遇

朱婉琳

他们是大山的精灵，178名石门畈中心小学的孩子们！

在石门畈小学，每天叫醒我的是孩子们的欢笑声。每天7点不到，孩子们就陆陆续续到操场上游戏，跑步、跳绳，玩自制的玩具，在这里，老师即朋友，朋友即老师。

在石门畈小学，孩子们说："音乐教室是最美的地方。"在课堂上，他们会用求知的眼神看着你，生怕错过任何学习的机会。孩子们的学习能力很强，一首歌唱几次就学会了。给我印象最深的是三年级的几个学生。下课后，他们久久不愿离开，觉得自己在歌曲伴奏这一块没有学好，就拿着打击乐器，一边练习，一边演唱。他们纯真、质朴的模样深深地印在我脑海里。通过几天的交流，我发现他们并不缺乏学习的能力，只是欠缺好的引导和陪伴。

他们是大山的守护者，来自三河镇的跟岗老师。

6位老师，没有一位是从艺术专业毕业的，大家从零开始，一边学习，一边教学。"朱老师，左手如何配伴奏呢？""怎样唱准音呢？"问我的是一位50多岁的语文老师。在这里，不管是多大年纪的老师，都在虚心、认真地学习。他们用自己的一言一行，帮助孩子们触摸他们的梦想。

我想借用张校长在艺术第一课中的一段话:“城乡师生是平等的，我们不是简单的支教，我们的老师也在活动中得到了精神的洗礼。这种共享不是输血，而是通过共同努力，提高当地老师的造血能力。”在这里，我挥洒了汗水，也收获到了善良人们的感动。我为自己能和石门畈小学的师生们相遇感到幸运。

就在这里，不离不弃，乃至“纠缠不清”。

任性依恋

范润婷

自从三年前入学以来，洋洋的行为变得越来越有攻击性，并且逐渐有失控的趋势，尽管我们一直都非常关注他。

经常有学生把洋洋“扭送”到我办公室，我始终保持冷静和坚持。不论洋洋的言行多么过激，我总是反复地对他说:“你这么做让我很难过，但我还是很喜欢你。”虽然他总是犯错，但我还是寻找每个机会来给予他积极的评价，尽可能地表扬他。一个偶然的机会，我发现他体能很好，手臂上已经练出了小小的肌肉，从那以后，只要是活动课时间，我就抓住机会和他一起跑步、攀爬，甚至一同制订了锻炼肌肉的小计划。

去年的冬至日，班上组织煮水饺的活动，因为停水，学校提供了矿泉水，很多同学对于拧开瓶盖束手无策。我正准备上前帮助，一扭头，看到洋洋正在四处“游荡”，还假装不经意地“瞟”了我一眼，于是我灵机一动，一努嘴，正如我所期望的那样，不善言辞的他扒开人群，抱起水瓶，用力一拧，成功啦！“耶！”周围的同学欢呼起来！不出我所料，洋洋害羞地退了出来，嘴角却带着微笑。接下来他用强壮的手臂帮每组同学打开瓶盖。可想而知，这顿饺子吃得非常“有味”。此后，很多同学加入我们锻炼身体的行列，也乐意让洋洋作为跑步时的“领头羊”。在类似大扫除之类的清洁工作中他也能积极参与，特别是在做一些“攀高爬低”的工作时，渐渐地也会有同学向他投来赞许的目光。

渐渐地他自信了起来，在小组合作时对伙伴的态度也变得友好。在元宵节交换糖果时，他居然把他自己最喜欢的一颗送给我。作为老师，最大的幸福不就是看到学生的成长吗?

校园里的每一个人都是教育者。

守门房的“张老师”

丁瑾贻

我们学校有一个叫w的学生，他不太爱待在教室里面，也不爱跟同学交流，经常一个人在校园里到处乱逛，各科老师都拿他没办法。有一段时间我发现他常常去门房，而且一待就是一天。那里有什么魔力，能够吸引一个自由、不受约束的孩子？我连着观察了好几天，发现原来他喜欢和门房的张师傅聊天。他们的聊天也很有意思，并不是你来我往的对话，而是各自说着各自的话。w同学一边说着自己去过的地方，一边拿着一张白纸写着、画着武汉市的交通图，而门房的张师傅则自顾自地说着自己的家长里短，他们像两条平行线互不相交，但是又非常和谐地坐在一起，这样的画面看了让人竟然觉得很温馨。在和门房的张师傅聊天的时候，我也问过他：“为什么w同学在你这里可以坐得住？”张师傅说：“我从来没想过要特意把他留在我这儿，他愿来就来，来了我也不会给他任何压力。久而久之，他就经常到我这儿来坐坐，我也习惯他每天到这里来和我聊聊天。也许在其他老师的眼中，这个孩子有这样那样的问题，但是在我的眼里他就只是个孩子。”

我庆幸我们的学校有张师傅这样的“老师”，虽然他不进教室给学生们上课，但是，他在校园里是和我们一样的教育者。

孩子，让老师的爱化作一颗糖果，融入你心。

一颗姜糖

汪　洁

又是一年毕业季。散学典礼后，我和英语老师刚发完奖品，班主任余露老师就拿着她的奖品走上了讲台，笑着对班上的孩子们说："我的奖品是给每个同学发一颗糖！"一年级的孩子一听说有糖吃，个个都很开心，纷纷举起手来。余老师笑着看着大家，很神秘地说："它可不是一颗普通的糖，你们先尝尝。"孩子们拿到糖，迫不及待地把糖塞进嘴里，有的孩子吃着吃着露出疑惑的表情，也有的孩子一边大喊着"好苦哇……"，一边就要把糖吐出去。我对这颗糖也充满了好奇。余老师看着孩子们的各种反应并没有说什么，直到一个孩子大声地说："多吃一下就甜啦。"余老师才介绍道："这颗糖是姜糖，它是用生姜做的，对我们的身体是有好处的。可是它刚开始吃的时候是苦的，后来才是甜的。今天给大家发这个奖品，是希望大家能够明白先苦后甜的道理。希望大家今后在学习的道路上遇到困难时，都能想起今天吃的这颗姜糖，相信没有什么能难倒你们！"余老师讲这番话时，我发现孩子们听得格外认真。听了余老师的教导，孩子们开始慢慢品味姜糖，有的孩子甚至还向老师多要了一颗糖，准备拿回家和妈妈分享。

一颗小小的姜糖被赋予了"先苦后甜"的含义，无论孩子们现在能否完全明白老师的一片良苦用心，我都觉得这个奖品很有意义。孩子，让老师的爱化作一颗糖果，融入你心。

一瓶水，传递着爱和分享。

没有分完的矿泉水

杨　勇

随着一路的歌声，我们终于抵达了今天秋游的目的地——森林动物园。今天的天气和大家的心情一样也格外晴朗，不一会儿孩子们便把随身携带的水喝完了。在火热的太阳底下，孩子们一个个晒得小脸通红，直喊口渴。这么大的一个园区哪里有水卖呢？我带着孩子们走了一圈也没有找到一个商店，孩子们越发走不动了，一个个瘫坐在路边，哇哇直叫。我正不知怎么办才好时，随行的生活老师刘老师说："我这还有一瓶矿泉水，给孩子们分着喝吧！"说完随手把水递给了我。这时孩子们的眼睛都亮了，齐刷刷地望向我手中的矿泉水，嘴里喊着："我要喝，我要喝……"好像生怕落了谁似的。这么好的一次教育机会我怎能错过，"同学们，大家先安静下来。刘老师每天为大家送饭、服务，现在又把水让出来给大家喝，你们该对刘老师说些什么呢？""谢谢刘老师！"孩子们向刘老师投去了感激的目光。接着我说："同学们，当我们遇到困难时，能不能只顾着自己，不管其他的伙伴呢？""不能！"孩子们整齐地回答着。"对了，我们要有福同享有难同当，学会分享！来，班长出来，这瓶水交给你，你来分给大家喝。"接着我把分水这个大难题交给孩子们自己解决。

"应该让小宝先喝，你看他的嘴唇都干裂了！""嗯，大家都来排好队！"孩子们你一言我一语地开始了"分水行动"。看着他们那么有秩序，我和刘老师欣慰地退到了树荫下。过了不知多久，班长跑到我跟前说:“杨老师，我们分好了。”我心想，这一瓶水肯定是不够的。这时班长不好意思地从身后拿出还剩小半瓶的矿泉水说:“老师，我们都是把水倒出来才喝的，瓶子没有挨着嘴，这剩下的水您和刘老师喝吧！”没有想到在这样的时刻孩子们不仅没有只顾着自己，还想到了老师们，看来孩子们真的是长大了，我心里比喝了一口冰水还要清凉、舒爽。

其实生活才是孩子们最好的老师，只要我们善于从生活的点滴中找到一些人生道理，再用合适的方法传递给孩子们，那么他们将会受益一生。

学生眼中的我

刘莎莎

“刘老师，刘老师你快来！”刚进入教学楼就被小严同学拉到了教室门口的走廊上。“刘老师，你看！”他指着装饰墙对我说道。我顺着他指的方向看过去，看到了一篇题为“我的老师”的作文，作者是六E班的小悦同学，文中描写到：她，有着苗条的身材；她，有着一双水灵灵的大眼睛；她，有着红润的脸庞；她，对每个人都和蔼可亲。她是谁？她就是我的数学老师——刘老师。

呀！原来我在学生心目中的形象还是挺不错的，想到这儿，我的心里偷着乐了起来。继续往下看，文章中提到了令她印象深刻的一件事。那是在一次数学单元测试后，她的成绩不太理想，只得了86分。因为害怕回家被责骂，所以萌生了一个念头：将一道做错的题的答案改成对的，这样就有90分了。可谁知道她的小心思被我发现了，被我请进了办公室。原本以为会被我责骂一顿，可是我并没有责骂她，而是告诉她考试的真正目的什么，告诉她一次考试没考好不算什么，只要努力，下次一定会考好！没想到我的一句很普通的鼓励的话语，被她印在了心里。

看到这篇作文时，我的心里很甜，别提心里有多高兴了！没想到不经意间做的一些事情能给孩子们带来这么多的温暖！对我来说，和他们一起上学，一起游戏……也许这些都是很平常的事情，可是对于孩子们来说这都是老师爱他们的表现。哪怕是老师一句很普通的问候，也会让孩子们觉得心里美滋滋的！

由“爱”而起的争执

李娟娟

“李老师……”声音逐渐离我近了。邵雨萱揉着眼睛来到我面前，后面跟着小鲁。“李老师……”不等我开口，雨萱红着眼圈抽抽搭搭地说话了：“小鲁在班里到处宣扬我喜欢班长。”小鲁红着脸辩白：“李老师，是她亲口告诉我的。”

怎么回事？雨萱和小鲁是同桌，也是无话不谈的好朋友，这俩人过去可是班里最令我省心的孩子，怎么现在也闹起矛盾来了？经过了解，我明白了事情的经过。前几天，小鲁问雨萱喜欢班里哪个男生，雨萱想都没想便写下了班长的名字。没想到，这个小秘密被泄露出去，她成了同学们取笑的对象，不胜其烦的她拉着小鲁来找我评理了。

听着她们理论，我沉思片刻，问雨萱：“你为什么喜欢班长？”“因为他守纪律、学习好、助人为乐……”哦，我明白了。我又问小鲁：“你们俩是好朋友，对方把小秘密告诉你，你应该严守秘密才对，怎么能不负责任地到处宣扬呢？”看着小鲁一愣，我接着说：“这样时间久了，谁还能信任你呢？朋友们就会一个个离你远去，不是吗？”小鲁红着脸低下了头，小声说：“对不起，我不是故意伤害你的。”雨萱含着泪的眼弯起：“没事，我还想和你做朋友！”看着她俩肩并肩离去的背影，我禁不住笑了。

看来，本周的班会上，我得和同学们交流交流“爱”的话题了。五年级的孩子正处于向青春期过渡的阶段，对“爱”这个字眼特别敏感，又懵懵懂懂。他们眼中的爱都是狭义的爱，一听到这个字就窃窃发笑。我会告诉他们，爱有很多种，亲人之爱、朋友之情、师生之谊、对素不相识的人伸出援手、对国家的热爱……都属于爱的范畴。我还会告诉他们，有一种爱叫欣赏，比如同学之间的喜爱，这是一种美好的情感体验，它会令你看到自己的不足，希望从对方身上汲取优点，从而成为进步的动力。这次，班会的主题就确定为：爱的故事。

一张纸，传达着孩子真挚的信任。而我要做的就是：孩子，我们慢慢来……

给我一张纸

王蕙茹

子男同学与众不同。你跟他讲话，他似乎在看着你，却又什么都不答。除了上语文、数学、英语课，别的时间，他都在教室外晃悠，因为不喜欢上那些课。那些“多出来”的时间，他会在校园的秋千上，或者在最喜欢的地方写写画画。

我，一个在特殊情况下接班的班主任老师，早有别的老师告诉我他的情况。他第一次见我，好像没看见，拿着收音机在上课铃打响很久后扬长进来，我平静地看着他回到座位，没有停下我的讲课。身为一个母亲，我也能理解那些孩子有不足时家长心里的遗憾与渴望，我知道父母都是带着怎样的期望将孩子交到老师的手上的。因此，我对子男的关注更多了些，找到他的每一个闪光点都大肆表扬，但从不打扰他。我还在班上开展了“我有一个放大镜”系列活动，让孩子们努力寻找他人优点，想借机让同学们和他靠近。渐渐地，同学们开始积极评论他了：“可聪明啦！别看他上课没抬过头，可是数学总是考九十几分哦！”“他音乐可好啦，会弹琴，也会打架子鼓！”

那之后，上课时，他还是不抬头看老师，自顾自拿笔在纸上写写画画，如英文字母、艺术数字、韩文、地铁站牌……没像其他孩子那样逐渐对我亲近，依然“我行我素”。我们似乎还是在不同的轨道上生活。

有天下课回到办公室，我看到令我惊奇的一幕：他竟然在办公室。他看到我进来，对我说:“给我一张纸。”那语气那么平淡，就像是我应该为他准备似的。我抽出一张干净的纸，递给他，说:“给你。”他拿着纸走到电脑桌前坐下，又开始埋头画他的地铁站牌了。我看着他的背影，默默地笑了，看来，这孩子也接受我了呀！因为，只有对信任的人，他才会主动讲话呢！

亲爱的子男，让我们慢慢来！

与童年在一起，与纯真在一起，与爱在一起的老师，真的很幸福。

幸福在纯正的世界里

丁 苗

闲暇时，朋友相聚，总会问：你的薪水高吗？你的待遇不错吧？而我只是笑而不答。因为我的幸福既不来自丰厚的薪水，也不在于优厚的待遇，我的幸福，不做教师的他们，无法体会得到。我为孩子们默默付出，我也真实而深刻地体验和感受着他们带给我的幸福。这种幸福已经紧紧裹住了我的心灵。

班上一个孩子的母亲在一次事故中去世了。骤然遭受人生的大不幸，她幼小的心灵如何承受得了？我的心里充满着焦虑与怜悯。我该怎样来抚慰这颗受伤的心呢？那天，她安静地走进教室，当我真正地面对她时，觉得一切言语都显得那么苍白无力。我牵着她的手，望着她那无助的眼神，沉默了好久。我轻轻地告诉她："从现在起我就是你的母亲！"在以后的日子里，我关心她、鼓励她、疼爱她。我惊喜地发现：开朗和自信又一次洋溢在她的脸上。

而孩子们对我的爱也让我体验到了幸福和快乐，更让我感受到了他们给予我的那一份深情。

记得一次活动时，我感觉特别冷，于是不停地搓手。班上的一位小女孩跑到我的身边问我："丁老师，您很冷吗？"我点点头。"老师，我的手很暖和的，我给您捂捂手吧！""不……"还没等我说完，我的手已在她的小手中了。突然，有好多孩子跑过来，把他们那一双双小手伸到我手里，“老师，我的手也很暖和的，不信，您摸摸。”刹那间，一双双肉乎乎、暖融融的小手，让我的手、我的全身、我的心温暖了起来。这是我用满腔的爱换取的真情——一份别人无法得到的幸福。

我是老师，我很幸福!

一枚小小的徽章，传达的是一种信念。

一枚党徽引发的系列故事

蒋 卉

（一）

开学初，区交通大队秩序管理科的李辉队长到学校指导工作。和李队长交流的过程中，我看到李队长的胸前佩戴了一枚鲜艳的党徽，上面有“为人民服务”五个字，心中顿时对李队长充满了信任。李队长协助学校很好地安排了家长接送孩子停车的问题，那面鲜艳的党旗带给了我们春天般的温暖。

（二）

10月16日，区教育局李书记到学校视察工作，对民办学校的党建工作提出了具体要求。党员首先要“亮身份”，要从群众中站出来做好表率和榜样。想到李队长的那枚党徽，我们决定在已经成立“党员示范岗”的基础上，为每位党员定制一枚党徽，让党员在群众中把身份“亮”出来。第一天戴党徽，我有些不习惯。下班回家等公交，发现周围的人用“特别关注”的眼光看着我，忙上下自我打量了一番——没有什么特别的呀。看到还有人盯着我的上衣看，我猛然醒悟：哦，下班出校门时，党徽没有取下来。众目睽睽之下，也不好去取，只好先上车再说。车上真挤啊，人贴着人站，没有缝隙。因为要在十几站后下车，所以我就尽量往车厢中间走。走的过程中，不小心和一个背着双肩包，正在看手机的年轻女孩撞了一下，女孩回过头，白了我一眼，嘴里说“挤个鬼”，同时，还将身体猛地往后一拱，我一下子又撞到身后的乘客身上，引发了一阵骚动。一股怒气涌上心头，正准备理论一番，突然意识到胸前戴着党徽。心中浮现出一个场景：等我“完胜对方”以后，女孩会轻蔑地说：“声音小一点，你还是个党员！”于是，我吞回了“一番理论”，轻声说：“不好意思，我很晚才下，我站后面去。”一路颠簸，下车后，才发现自己已经出了一身的汗。一枚党徽，给了我好大的压力。

（三）

刚才课间，二年级A班的宝贝们和我打着招呼。一个小男生看见了我胸前的党徽，问：“老师，这是什么？”

“这是党徽呀！”我笑着回答。

“为什么你要戴？”

“因为我是中国共产党党员。”在孩子面前说这句话的时候，我很郑重其事。

“那为什么我没有？”孩子还在好奇地问，他的身边又围上了几个学生。

“你有这个呀，宝贝。”我给他整理了一下脖子上的红领巾，“你是中国少年先锋队员。”

“那中学生是不是什么也没有？”小男孩继续问了一个有意思的问题。

“不是，中学生有团徽呀！”我认真地回答，“小时候，我们是少先队员，中学时我们可以申请加入共青团，长大了我们可以申请入党。”

“哦，那您小时候一定好好学习了，所以长大才能入党的！”小男孩无比认真地说道。

“是的，是的！”我忙笑着肯定地回答。

你吓了我一跳，你就开心地笑。成全了你的快乐，我感到我们都慢慢变得美好！

成全快乐

吕敬民

今年我接了一个新班。开学第一天，同学们见到了我这个新来的老师，都围过来问这问那。只有一个胖胖的男孩儿远远地站着，目光冷漠，不用说，这就是周旻昊。

听前任班主任介绍，他患有精神疾病，刚入学时，不是撕同学的本子就是朝同学吐口水。当然，他最喜欢跟自己玩儿：他用红领巾将自己吊在床栏杆上，差点窒息；把脖子上的红领巾和鞋带系在一起，以至于直不起腰来。后来，他看了一段时间心理医生，之后倒是不找同学扯皮了，但把自己封闭起来了。

我热情地招呼他到我身边来，可他像跟我闹别扭似的不理不睬。同学们早习以为常，说：“别理他，他就是这个样子，总是活在自己的世界里。”这话更让我感受到周旻昊的孤独与无助，我暗自下决心，一定要格外关照他。

上课时，我总是点周旻昊读课文，写词语。如果他读错了、写错了，我宽慰他：“没关系，谁没犯过错？下次还请你!”在“下次”之前，我让他先在我的面前读好写对，再当众请他尝试，使他获得成功的体验。在他做作业遇到困难时，我鼓励他：“你能行，别泄气！”这样增强了他战胜困难的决心和信心。

渐渐地，周旻昊的性格变了，变得愿意跟同学们讲话了，愿意跟老师亲近了。平时同学们到功能教室去上课时，我总会在本班的教室里改作业。有一次，下课后，大家从功能教室回来，周旻昊最先回教室，他悄悄地走到我身后，静静地看我改作业，我一回头，突然看到他，心头一跳，笑着对他说："你吓了我一跳。"他听了可开心了，啊，原来老师也有害怕的时候啊!

从此，周旻昊总是最先跑回教室。他长得又高又胖，要进教室还要先穿过宽阔的操场。其实平时班上比他跑得快的同学有很多，真不知道他是哪来的力量，这时候总能抢在最前面。等进了教室就悄悄站在我身后，屏住呼吸，想吓我一跳。次数多了，我就有防备了，但为了成全他的快乐，我总会做出吃惊的样子："啊，你吓了我一跳!"他总是开心地笑，笑得无比灿烂。这样，周旻昊更亲近我了,也就更愿意接受我的教育批评了。

一学期下来，他进步了，期末考试也取得了良好的成绩。愿我的成全，能促他健康成长!

懂得如何启发，是教育的一门艺术。

纸兔子

陈 静

又是一届新生培训时。

“1、2、3！”“坐端正！”口令声刚落，教室顿时安静下来。放眼望去，几乎所有同学都端正地坐在座位上，只有第二组最后一排的小宇正低着头不知在干些什么。我望着小宇，其他同学也都随着我的目光转头望向他！“老师，他在折纸！”小宇的同桌大声地向我报告。我走向小宇心里想着:“小家伙，入学第一天就不遵守规矩吗？”与此同时，小宇已经抬起了头，满眼惊慌地望着我，双手护着什么东西。我来到他的桌边，看了他一眼，扯出他压在手下的东西，忽然间一愣——这小家伙居然用一张脏兮兮的草稿纸折了一只栩栩如生的兔子！瞅着这样精致的手工，我心里的怒气竟也消了一半。于是，我暗暗地决定原谅他一次！此时的小宇正望着我，似乎在等待着我的批评。我盯着他看了几秒钟，然后从口袋里取出随身携带的红笔，对他笑了笑，接着在他的小兔子上画上了两只圆圆的红眼睛！我举起小兔子问全班同学:“你们觉得陈老师和小宇一起做的这只小兔子可爱吗？”“可爱！”“是呀！小宇同学折的小兔子真棒！有机会也教我们大家折吧！”我的话音刚落，小宇就立马挺直了身体，端端正正地坐好了。

新学年的第一次家长开放日过后，小宇的爸爸来找我聊天，说要感谢我。我正纳闷他感谢的原因，小宇的爸爸掏出手机给我看了一张照片。照片里竟是那只纸兔子！“陈老师，上学第一天回到家，小宇特别兴奋，说是您和他一起做了一只兔子，班上的同学都羡慕得不得了！所以他一回到家就把那只纸兔子摆在房间书架上最显眼的位置！您不知道，小宇在幼儿园的时候是一个特别内向、特别不自信的孩子，之前我和他妈妈还在担心，他能不能快速地适应小学的生活……”

小宇爸爸离开后我又从口袋里摸出那支随身携带的红笔，感觉自己画了两只特别棒的眼睛！

撑起一把伞，在心里种下一粒种子；种子发芽了，收获的是爱与温暖。

窗外的“小客人”

崔　丹

4月总是雨纷纷。随着春天的到来，大地万物都需要雨水的滋润。

一天，我如往常一样，随着上课预备铃的声响，朝着我们班教室的方向走去。平常，我要求孩子们在铃声响起时，要齐声朗读前一天所学习的课文，所以每次走近教室时，我都能听见悦耳的读书声，然而那天，我没有听见读书声，取而代之的是一片嘈杂。走进教室一看，一群孩子围在教室后窗，叽叽喳喳议论个不停。“你们都在干什么呀？难道听不见上课铃声吗？”我生气地说。孩子们见我生气了，赶紧回到座位上坐好。窗外的雨声滴滴答答，而教室里一片安静。我开始上课了，可还没说几句话，我就看见一只小手缓缓举起来——是我们班最调皮的男生。于是，我不耐烦地问他：“怎么了？”他说：“老师，我们后窗外空调和墙壁的中间，有了一个鸟巢。”听了他的话，我恍然大悟：原来，孩子们刚刚是在看鸟巢啊！他接着说：“可是，今天下雨了，小鸟没有雨伞，我可以帮它们撑个伞吗？”此时，有的孩子也深有同感地点点头。我走到教室后窗，向外面一看，果真有两只小鸟，它们的身上湿漉漉的。于是，我和孩子们一起，为小鸟撑好了雨伞，他们这才安心地回到座位上。我对孩子们说：“既然小鸟选择了在咱们这里筑巢，那么，我们要负起责任，照顾好它们。”我给孩子们交代了很多注意事项，例如：不要对小鸟大声喊叫来逗它们、不要随便拿学校的水果喂它们、不要因为小鸟的存在而在上课时分心、下雨时记得给它们撑伞等。那天起，孩子们轮流当起了“鸟妈妈”，大家轮着班地照顾着这两只小鸟，同时，也尽量不打搅它们。之后的日子里，我们的课堂里会时不时传来小鸟的叫声，仿佛小鸟也在和孩子们一起学习……

不知道过了多久，有一天，孩子们惊慌地告诉我，小鸟不见了！我告诉他们说：“小鸟长大了，它们飞去了更远的地方生活，就像你们今后长大了，也要翱翔在属于你们自己的一方天空一样。”从那以后，孩子们偶尔还是会去后窗探头看看，看看小鸟们回来看他们没有。有时，天空飞过几只鸟儿，孩子们还会告诉我，它们之中就有那两只在窗外暂住过的“小客人”。

真正的教育与其说是言辞，毋宁说是在实践。

“免试生”的诱惑

刘 柳

教学相长，在教育和教学过程中，我们也会学到很多。

第一次听说他的“故事”是在李校长的办公室，期末试卷上他潦草的字迹和叛逆的答题估计能点燃每一位阅卷人心头的怒火；第一次见到他是在学校心理咨询室，他那漫不经心和吊儿郎当的样子让我“记忆犹新”；最后让我对他的名字过目难忘的是他重做的试卷，成绩依然不及格；从此，在我的脑海里，“熊孩子”就成了他的代名词。

没想到这学期，我居然是他们班品德课程的任课老师。第一节课时，他就“异于常人”，我提出的问题话音还未落，他就抢着说出了问题的答案。“老师，我不同意他的观点。”“老师，我要反驳他。”……他三番五次地打断其他同学的发言，终于他的同桌按捺不住，当堂跟他发生了口角。他果然是一个不让人省心的“熊孩子”。

课后我与他谈心，问起他期末考试为什么那样答题，他直言不讳地说：“我不喜欢也不想参加品德学科的考试。”“想名正言顺地不考试，就争取免试生名额啊，用自己的表现来争取，敢不敢试试？我猜你肯定不敢。”“试就试，我才不怕呢！老师，我这样的学生也能当免试生？”“能不能成为免试生，就看你的表现了！”我的“激将法”却让他悄然发生了变化。上课前，他已做好课前准备；课堂上，他踊跃举手发言；课堂下，他还积极地查阅资料。几周下来，全班同学都觉得他像变了一个人。我不禁感慨:原来让各科老师头疼的“熊孩子”也有春天。

有次在课堂上，他坦率说出自己的烦恼:“爸爸与妈妈闹离婚，常常大吵到凌晨，我无法完成作业也不能休息。第二天未交作业，上课也打不起精神，趴在桌上睡觉又被老师批评。”至此，他种种叛逆的言行都有了合理的解释。幸亏我之前没有放弃他。

教育的全部诀窍就在于抓住孩子的上进心。要是孩子自己不求上进，不知自勉，任何教育者都不能在他的身上培养出好的品质。

第五章 探索

评价引导着教学，教学影响着学生。音乐教育，不仅仅是教学生唱几首歌，了解一些乐理知识。

不一样的音乐期末考试

高坚膺

那天是同学们盼望已久的“期末音乐会”的时间，一（1）班的同学们早早地来到了音乐教室，兴奋地等待着表演时刻的到来。

说是“音乐会”，其实是本学期的音乐期末考试，这是我对音乐期末测评的一个尝试，让考试变成孩子们主动展示的舞台。回顾之前的音乐期末测评，都是领导抽查和教师随堂考试相结合，考试形式多为每个学生唱一首教材内的歌曲，回答一两个乐理方面的问题。一方面，我认为这种以唱一首歌来判定学生音乐能力的方法直接导致教师以教唱歌为教学目的，忽略对学生音乐素养的培养。另外，这样的评价方式也造成了学生不喜欢上音乐课的恶果，毕竟学生的嗓音条件是不同的，那些没有优美嗓音的学生势必面临着永远无法优秀的结果。另一方面，音乐所涵盖的面非常广，演唱、演奏、舞蹈、欣赏等都很重要，怎样才能让期末测试全面地反映学生一学期所学？班级音乐会正好提供了这样的一个舞台。

为了这一天的表演，孩子们做了充足的准备。离期末考试还有一个月的时候，我们就进行了抽签，八个小组在我的组织下抽签决定了自己小组的表演内容。别看他们都是一年级的小毛孩，自己的想法可不少呢，我想要把一学期的教学内容分配下去还不那么容易，因为大家都很希望能够抽到自己喜欢的节目，例如：舞蹈《小蜻蜓》、器乐合奏《咙咚锵》，对那些演唱、小组唱的节目都不怎么热衷。究其原因，还是这些节目技术含量不够高，小演员们难以充分表现自己的才能。于是，有的小组抽到的节目是自己喜欢的，大家高兴得手舞足蹈，有的小组员却因为结果和自己期望的有距离而懊恼地低下了头。为此，我留下那些嘟着小嘴巴的孩子，耐心地做他们的思想工作，让他们明白了一台节目需要每一个小演员配合，每一个节目都有自己的价值，终于，他们眉开眼笑地回去准备了。

接下来大家的任务就是反复地排练。孩子们除了在音乐课上认真地排练，还会在课间休息的时间充分地练习，期间也有不少小组长到我这里来告状，毕竟总有一些“小调皮”们忍不住离队玩闹，让他们的小组长非常气恼。每次遇到这样的情况，我也会给小组长们出出点子，教他们合理安排计划，做到劳逸结合。在此期间，我自己设计了邀请函和节目单，制作好了演出用的伴奏带，并布置好了小舞台，一切安排停当，就等演出的来临。演出的当天，孩子们兴高采烈，每个小演员都非常努力地表现自己，同时又与同伴合作。看着他们因为兴奋、快乐而涨红的笑脸，我觉得这样的尝试是值得的。

不同的尝试是为了找到更好的方式。通过这个过程，孩子们获得的远远超过了教材中需要他们掌握的内容。在这个舞台上，他们收获了自信和快乐；在这个舞台下，他们明白了尊重与赞赏；在整个准备的过程中，他们体验到了合作的酸甜苦辣。当我把舞台交到他们的手中时，他们在我面前展示了一个多姿多彩的世界。这不正是音乐课应该给予孩子们的吗？

相信孩子，他们的成长将让你难以想象。

数学课上的学生老师

鲁文静

转眼之间，这一届学生已经上六年级了！我教会了他们些什么呢？自主课堂进行了那么久，孩子们又从中获得了些什么呢？

开学时，我有了一个大胆的设想：孩子们能不能自己来上上课呢？课本他们很多人都看得懂，来上一上，感受一下当老师的感觉，会不会很美妙呢？于是我请孩子们自己先浏览课本，给孩子们填了一份自主上课申报表，没想到，想尝试的孩子还真不少！

朱泓宇早早地把他准备的《圆周率的历史》课件传给了我，要我把关，高悦翔和王焜正更是早早地把课件传到了教室里的电脑上，迫不及待地准备上课。孩子们的热情真是让人感动！

“老师，我能不能拿着台词上台讲，我紧张！”

“完了，忘了一个环节！”

“该点谁回答这个问题呢？这么多的同学都在举手！”

“这不听讲的同学怎么提醒他们啊？”

“这板书写在哪儿合适呢？”

哈哈，当孩子们登上讲台的那一刻，他们就发现事情并不像想象的那么简单，自己会并不等于能让同学们听懂！老师的不容易，孩子们顿时感受到了。

所以后来，每次课前，我都会将我的课件、教案传给孩子，提前几天让要上课的孩子备课，抽一个小时给第二天上课的孩子磨课，规范上课时的用语。孩子们当天晚上要默课，有的孩子选择两人一组合上一堂课，就通过QQ相互讨论确定说话的顺序。上课时，孩子们说不清楚的部分我来补充，孩子们没说到位的我来点明，重点的内容我再来强化。这样上课，有点耽误时间，但我还是觉得值得，因为我相信孩子们的能力一定会有所提升的。

孩子的能力有差别，他们正好可以趁此机会发现自己的不足，看到别人的优点，扬长避短。比如，魏诗颖的语言亲切流畅，很有老师的“范儿”；高雅馨的结构非常有条理，每个环节都很到位，语言也很精练，知识点说得非常清晰；刘景仁的提问让同学们很有回答的欲望；朱佳慧更是将多年参加合唱团培养出来的大气优雅台风表现得淋漓尽致，在讲台上神采飞扬！

大家想来看看我们的自主课堂吗？欢迎你们也加入我们，共同学习，共同提高。

将形式改变一点点，内容就会被喜欢。

“长征”的故事

万志杰

第二节课下课铃响了，像往常一样，有同学迫不及待地推开我的办公室问我：“万老师，今天这节体育课上什么内容？”以往，我跟同学们说到的内容如果是他们喜欢学的，他们都会兴高采烈，如果不是他们喜欢学的，他们就会不开心地走出办公室，那这节课的效果也可想而知。

而我今天要教的内容今天恰恰是同学们最头痛的一个——耐久跑。虽然之前我针对这堂课的内容也设计了一个比较好的方案，但我还是不想让同学们提前知晓而失去上课的兴趣。我故作神秘地告诉这位同学：“放心，今天这节课你们一定会喜欢。”

上课铃响了。我告诉大家：“今天我们体验长征。”话音刚落，同学们就七嘴八舌地议论开来。一个同学说：“咦？今天学的这个内容蛮有意思呀！”课前，我已在操场上布置了一番，设置了一些障碍，如草地、雪山等。练习开始，同学们成二路纵队站立在起跑线前，随着哨声吹响，他们快速整齐地跑了起来。这时，我站在队伍边上，不时用语言激励大家争夺红旗，看到他们一圈一圈快速跑着，模仿着爬雪山、过草地等动作，我开心地笑了。不知不觉，学生们已超额完成了规定圈数。于是我连忙吹起口哨，并对他们说：“你们胜利了。”也许是同学们还沉浸在情境中，也许是同学们早已忘记了疲惫，大多数同学的脚步都没有停止。过了一会儿，他们才兴奋地喊着：“我们终于跑完了，我们胜利了！”还有同学意犹未尽地跑到我面前说：“万老师，下节课还上这个内容，好吗？”我笑着说：“你们不怕累吗？”“不怕，我们喜欢！”这种坚定的回答足以证明这节课已经成功了。

同样的课、同样的内容，只是采用与以往不同的教学方式，并针对学生好奇、好胜的心理特点，通过创设情境，模拟长征途中遇到的艰难险阻，让学生在快乐的氛围中完成教学任务，结果就截然不同。

像太阳一样引导着，像太阳一样传递着。

“小太阳”，大能量

彭　珊

那是一个阳光明媚的早晨，沐浴着春风，我带着好心情走进了校门。快走到班级门口时，迎面走来我班的一个男孩子，他是我班的“害羞宝宝”，有时上课回答问题脸都要红半天。只见他眼神飘忽不定，似乎想打招呼却又不敢，只能尴尬地和我擦身而过。这时我不禁想，在教室里，我们是和蔼的老师、可爱的学生，相互切磋知识，为何走出教室外后，却变成了“最熟悉的陌生人”了呢?

我想，会不会他们其实是愿意跟我们老师打招呼的，有时候却因为一丝的犹豫与害怕就和我们擦身而过? 针对这一点，我们班举行了“我是小太阳”的活动，明确告诉孩子们，老师们十分期待你们给予我们的问候与微笑。为了鼓励孩子们大胆一些，我让孩子们把自己热情向别人打招呼的温暖故事写在纸条上，张贴在教室的展板上，每个同学都是“小太阳”，带给别人小小的温暖。

我也会不定时去看看展板上他们留下的温暖故事。慢慢我发现，我们班的那个“害羞宝宝”有了很大的改变: 再见到我时，虽然还不能十分大方地和我打声招呼，但是他会看着我的眼睛，给我一个最可爱的微笑。那微笑顿时映在我的眼底，暖在心头。

现在我们班的孩子们，不仅能热情大方地向本班任课老师打招呼，有时遇到自己不认识的老师，也会热情问好。可能这不算什么，但当这群孩子向我打招呼时，我觉得一天的疲倦都一扫而空。

一直以来，我都希望我教出来的孩子，虽然可能成绩不是最优秀的，但他们一定心地善良，是温暖的人！

为每一个跳跃的音符，找到属于他的旋律。

跳跃的音符

林　岚

“哇……”开学第一周，这哭声每天都会响彻整个教室，哭声的主人就像一个“跳跃的音符”打破了原本平静的班级日常生活。

“收拾区角”的音乐响起，所有孩子都行动起来，“哇……”的一声嚎哭打断了音乐声。

只见她把身体压在棋盘上，右手紧握棋子，伤心地大哭着。旁边呆立着两个男孩，显然是被她的反应给吓到了。我大概猜到了事情的经过。

她还趴在棋盘上，不肯起来，满眼含泪地抽泣。

我蹲下抚摸着她的后背，“宝贝，你可以告诉我，这个音乐响起，我们需要干什么吗？”

她不回答。

“现在我们要收拾了哟，明天我们再一起下棋，好吗？”

“我会自己收！”她语气坚定地答道。

“我知道你会自己收拾棋子，但是你听，音乐快结束了哟。今天旁边的小朋友很着急，所以抢着帮你收了。”

“我会自己收！”

我拿出10颗棋子摆放在棋盘上。“宝贝，今天可以请你自己收拾，但如果明天你也想自己收拾，就需要你一听到这个音乐就开始行动了哟！”

“好！”她抹了抹眼泪，自己收拾棋子。

翌日，收拾玩具时我特地关注了她，音乐响起，她就第一个开始收拾玩具了。

我想，她已经对这个“收拾区角”的音乐印象深刻了，这个“跳跃的音符”终于和谐了。

过目不忘、倒背如流的人就在我们身边，从他那里我们可以学到哪些好的记忆方法呢？

最强大脑饶舜涵

程 娟

星期一升旗仪式上，最强大脑饶舜涵为我们展示了他的超强记忆力。有10组数，每组有4个不同的数，听了一遍之后，饶舜涵能顺着背出所有的数，还能倒着背，随便抽一组，他也对答如流，孩子们都觉得很震撼！

回到班上我就问孩子们："你们记得住吗？"孩子们摇了摇头。我接着说："我也记不住。"孩子们笑了。我试图与孩子们产生共情，把孩子们从羡慕中拉到现实生活。我接着说："是啊，生活中有的人就是这么与众不同，有着超过常人的本领。我们没有饶舜涵过目不忘的记忆，作为一个平常人，你想让自己的记忆越来越好吗？有没有好的记忆的方法？"孩子们想了想，纷纷举起了小手。一个孩子说："多读几次就记住了。"又一个孩子说："除了读，还可以写，也可以帮助我们记。"还有个孩子说："上次程老师给我们讲过有个叫艾宾浩斯的人，研究出一个道理当天回家要及时复习，不复习的话一大半的知识就还给老师了。"我小结道："是啊，多读多写，及时复习能帮助我们记忆。回忆一下在学习4的乘法口诀的时候我们用到的哪些好的记忆方法？"孩子们迫不及待快速举起了小手，一个孩子说："找规律记，一四、二四、三四……得数是4、8、12……"另一个孩子说："还可以先找出已学过的，如二四得八、三四十二、四五二十，再找出好记的，如一四得四，最后突破剩下的不太好记的。”还有个孩子说:“我有个好方法记四九三十六，有本书叫《三十六计》。”我趁势说道:“大家说得真好，找规律记、分层记、联想记忆都是特别好的记忆方法。大家对自己的学号很熟悉，你能根据你的学号想一句口诀吗？比如二十，你想到了什么？”孩子们跃跃欲试:“四五二十……”

摘星之旅，遇见更美好的你。

摘 星

金寒枫

“金老师，孩子老是觉得学习累，不愿意主动学习怎么办？”

“适当给点小奖励，鼓励鼓励！”

“我也想过，但是又担心他以后做什么都想着要奖励……”

“打个可能不太恰当，但是很容易懂的比方，让您加班但是不给您加班费，您乐意吗？”

…………

在新生培训结束当天，有一位学生家长就孩子不愿意主动学习这个问题跟我进行了讨论。这位妈妈的担心我能够理解，因为刚上班的那一年我自己就是这么认为的，我认为学习是孩子自己的事，做好作业也是孩子的义务，我为什么要奖励？所以当时的我唯一的方法就是说教，弄得自己身心俱累也没见太大成效。通过工作这几年，我更深刻地认识到，学习从来不是一件轻松愉快的事，成年人好好工作固然是出于责任感，但他们也同样会获得薪资作为回报，为什么孩子认真完成学习任务就不应该获得奖励呢？孩子能为了自己喜欢的东西付出努力，不是一件很棒的事情吗？

著名教育家叶圣陶先生说过：“教育是什么，往简单方面说，只有一句话，就是养成良好的习惯……”要培养学生良好的习惯，教师必须确立“磨刀不误砍柴工”的意识，要有足够的耐心、爱心，肯花时间和力气帮助学生。

怎么帮助？小小的物质奖励是其中一个方法。

为了不让孩子产生困惑，我和所有任课老师，都统一了这种评价方式：将传统的四大组再细分为八小组，以小组为单位进行“摘星星”游戏，表现好进一格，表现不好退一格，最先摘到星星的组全组每个人加一颗星星，然后八组全部重新开始游戏。

针对个人，我运用手机软件，有针对性地对孩子的各个方面进行评价，我称之为“摘星之旅”。为了培养孩子们良好的行为习惯，我在加分栏添加了“文明有礼、珍惜粮食、发言积极、做眼保健操认真、爱清洁”等内容。减分栏相应设置了“用语不文明、吃饭吵闹、注意力不集中、做眼保健操不认真、抽屉杂乱”等内容。每满五分就会生成一颗小星星，每个星期天，软件会自动汇总分数，根据星星数量的多少评出“班级之星”“进步之星”等。每周一的班会课，根据星星数，奖励孩子们“班级币”，用“班级币”可以在老师这里进行“幸运大转盘”的抽奖游戏，奖品包括文具、益智类小玩具、特殊卡券等，在奖励的同时增加了趣味性，孩子们非常喜欢！“摘星之旅”的过程中，孩子们的行为习惯也得到了明显的改善。

我非常认同这样的观点：方法是中性的，它只有在被使用时才显现出好与坏来。所以，哪怕是被许多人反对的物质奖励方式，只要运用得当，就能发挥大作用。

激励、唤醒、鼓舞，做好梦的领路人。

梦的领路人

叶盛玉

我永远记得当我第一次站上讲台，班里四十几个稚嫩的面孔一同齐刷刷地看向我时，我的心中陡然升起的责任感，我一下子就感觉肩上的担子重了起来。我一直认同着一句话:“教学的艺术不在于传授本领，而在善于激励、唤醒和鼓舞。”

C同学是我们班里出了名的机灵鬼，很有学习数学的天赋，对数学也充满了兴趣。可这样一个聪明的孩子却有着严重的偏科问题，对英语怎么都提不起来兴趣，一到英语课上就无精打采，生怕被点到回答问题。该怎么激发他对英语的兴趣呢？一次聊天中，我了解到，他十分喜欢美国的漫威系列漫画，立志要做一个漫画家。他对漫画里的内容可谓是了如指掌，但是却抱怨国内的译本并非十全十美。于是我便想，从爱好上来激发他对英语学习的兴趣，应该是一个可行的方法。在日常沟通中，我鼓励他多看一些漫画原著。在我们的共同努力下，他不仅大幅度提高了英语成绩，还对英语产生了浓厚的学习兴趣。

老师最应该做的，就是激发孩子们对这个世界的兴趣，让孩子们找到与这个世界愉快相处的方式，让孩子们自己去探索、去感受、去领悟、去成长。我知道兴趣和梦想，永远是最好的老师。

每个人的生日愿望都很特别。

生日愿望

李　静

我像往常一样，坐在靠窗户的座位上批改作业。午后的阳光很温暖，透过窗户，阳光洒在作业本上筛下斑驳的光影。几个孩子正在整理教室，阳光在他们间来回跳动，一会儿停在身上，一会儿跑在脸上。

“李老师，报告一个坏消息，”高同学跑回来义正词严地向我控诉他看到的，“黄同学在流水带玩球，他竟然没去音乐教室上课。”他一边说一边手指向楼下。

我一听便有些气急败坏，强忍住没发火，让他找来黄同学。黄同学怯怯地坐到我旁边，等待着我的“发落”。

“知道我为什么找你来吗？”

他两眼直盯着我，一语不发。

“中午让你来我办公室的，也忘了吧？”我又补充一句，见他一直不敢说话，我便刻意缓和了语气，没想到小家伙一说话就哽咽了：“因为今天是我生日，我只是不想在今天挨批评。我看到有球掉进流水带了，就想做做好事，让今天变得不一样……”

那一刻，我怔住了。我想也许那天他确实犯了一些错，但我还是想祝他生日快乐！

此“VIP”非彼“VIP”。

我们班的“VIP”专座

邹玉梅

“邹老师，我想一个人坐！”

刚刚走进教室的我循声望去，只见小轩同学正站起来向我表达自己的想法。

这句话从他嘴里说出来，我一点儿都不感到惊讶。为了让他能融入班集体，在班级中交到朋友，我算是用尽了苦心。但是我发现他依然我行我素，从不主动找别人玩。别人找他玩的时候，他也不一定同意。他有心事，却从不跟我们说。我认为今天他提出这样的要求，绝不是因为冲动。

我该怎么办呢？让他自己坐吧，很容易引起家长、学校的注意，大家会误以为他是问题学生；不让他自己坐吧，他性情比较执拗，我是很难说服他的。我示意他先坐下，上完课再讨论。

课后，我找其他学生问了一下情况。原来他和组内的另一个男生经常发生争吵，所以不想坐在一起。而且，其他小组也存在一些相似的问题。我想：可以尝试单人单座，给想自己坐的同学一些个人空间，但是不能全班一起实行。

下午的班会课上，我在黑板上写了几个特别醒目的字：“VIP”专座。大家睁大眼睛盯着，极为诧异。

“同学们，今天小轩同学说想自己坐，我想了一下，我们应该尊重他的意愿。今天，我决定在班上设置四个‘VIP’专座，给想单独学习的同学。但是想自己坐也是有条件的。首先，要保证自己不影响别人，比在小组里学习更认真。其次，作业完成的质量要高，保证态度认真。最后，需要小组讨论的时候要自觉回到原来的小组参与合作。”大家纷纷点头，表示赞同。

我接着说:“因为是‘VIP’专座，所以，坐在这四个座位上的同学上课有优先发言权，每回答一次问题就能获得一块‘班级币’奖励。”大家嘴巴张得格外大，这是从没有过的优待。

“我们每周还要进行一次班级投票，表现最好的一个同学可以再坐一周，其他想进入‘VIP’专座的同学需付五块‘班级币’购买机会。”大家都表示同意。

于是，小轩同学成功获得了“VIP”专座，并通过自己的努力在这个专座上待了两周。这两周里，他的学习态度发生了非常大的变化。家长也格外感动，发来了长篇感谢的短信。而其他同学呢，也在奋力争取，以进入“VIP”专座为荣。

教育，有时也需要顺势而为。

坦诚的相待，心灵的沟通，架起师生之间的彩虹桥。

喇叭的威力

代旭文

中午，我正在忙碌的值勤时，电话铃响起。

“喂，您好！代老师，我要向您反映一个情况。”

“好的，您说！”

“最近听孩子们说，班上有男生追求我的女儿当当，课间总是追着她跑，还下跪跟她求婚，班中的孩子们都议论纷纷，当当也觉得很苦恼……”当当妈妈焦虑地说道。

班级中最早熟的大个子男生，居然追求班级中比较迷糊一点的女生？这太让我诧异啦！学生家长，有这样的反应太正常不过啦。

“好的，感谢您所反映的情况。我会马上进行了解。”

挂上电话后，我心里不停地琢磨着：应该先问谁呢？我先找到班级中三个明事理的孩子，我通过和他们的交流，大概明白了有关这件事的情况。这个“爱情故事”确实引起全体学生的关注。这件事情中除了当事人，更重要的是周围起哄的“小喇叭们”。

紧接着，我找到当事人“大个子”和“小迷糊”来询问此事。当我把他们叫过来的时候，看到了当事人的表情有些异样，而周围孩子们的脸上露出了莫名的笑容。聊着聊着，我发现“小迷糊”女生最近因为这件事情满是困惑。“到底是不是被追求啦？”而“大个子”终于说出了事情的真相。下课去追求“小迷糊”，是为了“报复”“小迷糊”的。因为在开学后不久，“小迷糊”下课去打过“大个子”，事过不久，“小迷糊”已经忘到九霄云外了，可“大个子”一直记在心中。后来，一有机会，“大个子”下课总要去追着“小迷糊”打一下。这时，恰巧被“小喇叭们”看到了。结果就被“小喇叭们”宣传成了“大个子”在追求“小迷糊”。“小喇叭们”每当看到“大个子”和“小迷糊”的时候，就会开始起哄，甚至要“大个子”给“小迷糊”下跪求婚。事情最后演变成家长反映的情况。

当事人将话说明白了后，他们心中的疙瘩终于解开了。“大个子”和“小迷糊”也明白了对方的想法。我也借此机会和他们沟通，让他们明白下课要文明游戏，尽量不要有肢体接触。但是当别人不小心碰到自己的时候，也要学会宽容和理解。在学校有想不通的地方，要学会和老师沟通。

接下来，我要对“小喇叭们”进行教育，让孩子们明白友情、爱情的意义，明白当“小喇叭”的危害。我将事情的来龙去脉说给班上孩子们听了。最后，孩子们纷纷点起头来。

事情处理完了，班级又恢复了之前的平静。孩子们又重新开开心心地玩耍着。

我发现：任何事情，只要和孩子们坦诚沟通，孩子们心中的小疙瘩，就能及时得到解决。我也感谢家长对班级情况的及时反馈，家校携手，能让孩子的成长更加顺畅！

“礼物”风波

刘 丹

“三八”妇女节那天，小颖手里拿着几只可爱的绒毛玩具来到了学校。她对我说，这些是要送给女老师的节日礼物，我对她表示了感谢，早读课的铃声响了，她便上位开始读书了。

早读课下了，有两个女生走到我的面前，略带愧疚地说：“老师，今天下午放学时我们也去给您买礼物。”一听这话，我猛然觉察到也许是我对送节日礼物孩子的笑脸与感激，不小心伤害到那些没送礼物的同学。我赶紧抱了抱她们说：“谢谢你们，老师不需要礼物，你们的这份心意比礼物更珍贵！”

为了呵护孩子们稚嫩的心灵，我对班上所有同学们说：“老师感谢你们想到节日给我带来小礼物，但还有更珍贵的礼物是用钱买不到的：那就是你们良好的行为习惯，每天上课认真听讲的表现，独到的见解以及漂亮整洁的书写，这些，远比一束花、一张卡片更有意义。你们愿意赠送这份礼物给我吗？”同学们异口同声地说：“愿意！”我听到刚才那两个女孩的声音特别响亮，看到她们脸上的笑容特别灿烂。

关于礼物的风波已渐渐平息，可我心里却是波澜起伏：作为一线教师的我们，平时要处处留心自己的言行，关注每个细节，聆听每个孩子的心声，关注每个孩子的举止，精心呵护他们幼小稚嫩的心灵，绝不能因为我们的无意为之伤害到他们。教育无小事，不是说说而已。

蹲下来，发现另一个世界

涂志英

那天，我骑车上班。进入校园后准备将车停到车棚内，路过小花坛，看见一个小男生蹲在花坛旁，目不转睛地看着地上。当时我没在意。当我把车停好后，再次经过他身边，他喊住了我：“涂老师，您来看。”我这才发现他是我教的一个一年级的孩子。我走到他旁边，跟他一起蹲下来，问他：“你在看什么？”“您看，虫。”我仔细地在土里找了半天，发现了他说的虫。原来是一条西瓜虫。它蜷缩成一团，真的像一个小西瓜。我问他：“你看了多久了?”他说：“很久很久。”他问我：“您知道什么是西瓜虫吗？”我望着他，笑了起来，说：“你能给我说说吗？”他的脸上立刻露出骄傲的神情，然后详细地跟我说了西瓜虫的很多“秘密”。我俩蹲在那里，看了好久好久，听着他的介绍，我也增长了许多的知识。

其实，三人行必有我师焉。我是孩子的老师，而孩子们也是我的老师。我们可以互相学习，孩子的世界有时候是大人没注意过的，但如果大人们愿意蹲下来，走进孩子们的天地，我们会发现另一个世界。

一声暖暖的问候，也是教育的资源。

语文课上的问候

王　华

一（B）班的班主任李老师前不久生病了，请了两周的病假。因为一时请不到代课老师，所以李老师的课就分担给了其他语文老师。石老师也主动地承担了两节。

当天上课打了铃，石老师一进教室，学生们就唧唧喳喳地说："咦，又换了一位老师？"石老师就对孩子们说："你们的李老师病了，不能给大家上课，但每天都有不同的老师来给大家上课。你们可以从不同的老师那里学到不同的知识，是不是也挺好的呀？"紧接着，她问："你们想李老师吗？"孩子们马上说："想！"石老师又问："你们想和李老师说话吗？""想！"然后，石老师就拨通了李老师的电话："李老师你好，我们正在上语文课，你的孩子们都很想你哟！"

李老师很惊讶，因为她们事先并没有沟通，但她反应很快，马上说："李老师也很想同学们哟！不管是哪个老师上课，你们都要乖乖的哟！"

有个学生说了一句："李老师，我昨天晚上梦到你啦！"马上又有学生喊道："李老师，我也梦见你啦！我还梦见你和我们做游戏！"接下来，几乎全班的学生都在喊："李老师，我也梦见你啦！"有个学生"不甘落后"，大喊道:“李老师，我今天晚上一定会梦到你的！”石老师最后说:“那我们就好好上课，等着李老师回来吧！”

就这样过了两三分钟，石老师才开始语文教学，整节课都是在爱意融融的氛围中度过的。一（B）班的孩子们在这节课里不仅学到了语文知识，还学会了怎样向生病的老师表达自己的问候。

小小“昆虫记”

余 璐

无意中得到了一小纸杯的蚕，当时我很不想要，可是我家丫头正处于对生命异常好奇的年纪，看着她满怀期待的表情，我又不忍心扫她的兴，一时冲动把蚕带回了家。可一带回家我就后悔了。小孩子好奇心爆棚，行动力却太差，她只看看蚕就跑去玩去了，喂食、铲屎就都成了我的事。

桑叶成了第一难题。才过了一晚上，杯子里的小家伙们就把桑叶全部吃光了。我生怕它们饿极了互相残杀。可哪里有桑叶呢？这种问题我觉得可以问我们班上的孩子。果然，第二天我一问，孩子们七嘴八舌地告诉我：我家院子里有，学校食堂门口那棵就是桑树（我在这个学校10年了，都没发现学校里还有一棵桑树）。食物问题解决了，班上的孩子们知道我养蚕了，今天这个送我一小包桑叶，明天那个过来问一嘴：余老师，您养的蚕长大了吗？这段时间，蚕也成了我和孩子们聊得最多的话题。我发现有个平时调皮捣蛋的小男生谈起蚕来头头是道：“您知道吗？蚕吃的叶子要擦干，不能有水，不然它会生病拉肚子的。”还有一个女生，平时学习成绩不太好，也很少跟我交流，可是自从知道我养蚕后，天天都来给跟我说她家里的蚕长成什么样了，说的时候眉飞色舞，真没想到她会这么细致地照顾蚕！我脑海中立马想起我家丫头，说自己多想养蚕，可是每天回去看看就玩去了。可见并不是每个孩子都能真正有耐心地去照顾小动物，我不禁佩服起这个女孩来。

渐渐地，蚕长大了，一条条又肥又粗，有的已经开始吐丝了。我给它们换了个大大的快递盒，可是每次回家，还是有不安分的“祸乱分子”爬出来，在我们家地板上结茧。我实在受不了，只有又向孩子们求救：怎么办？一个男生睁着大眼睛看着我：“您没给它们垫报纸吗？没有报纸它们不舒服当然要爬出来啊！”“还要铺报纸？”“是啊，余老师您不知道吗？您还要用树枝给它们搭几个架子，它们喜欢在又高又空旷的地方结茧！您要好好照顾它们才行啊！”他们你一言我一语，感觉个个都是养蚕专家。无语了，我心里只想说蚕“坐月子”真讲究啊！

作为教师，在养蚕这件事情中我彻底成了他们的学生。这次的角色互换，让我对班上的学生有了更进一步地了解。内向的孩子内心也许很丰富，调皮捣蛋的也许在某件事情上也会很细腻，我们眼里的“后进生”，在某一个领域也许比我们都高明得多。

一样的教育情怀，不一样的“温情惩戒”。

别样的惩戒

张嘉瑜

那是个凉爽的秋日清晨，我早早来到学校。教室旁的灌木丛里满是青草，露珠还挂在草叶尖上，晶莹剔透。我小心翼翼地绕过草地，随着我脚步的移动，竟然惊起了无数的小生灵——飞的飞，跳的跳。我诧异不已，又试着跨步，并紧盯着跳动着的小生灵。这回，我看清了，是蚱蜢！

快到早上“阳光阅读”的时间了，可是教室里还有两个座位空着。我焦急地站在教室门口，朝走廊的方向张望着。不一会儿，预备铃声已经响起，可依旧不见南南和峰峰的踪影，这两个调皮的小家伙，到底去哪里了？会不会受伤了？我的心不由悬了起来。

这时，一个女生说：“他们有可能在操场上玩。”我大吃一惊，赶紧叫了几个孩子去找他们。

正当我着急的时候，他们被“押”了回来。

“老师，他们真的在操场边玩。”一个孩子说。

南南和峰峰一直低着头，一声不吭。看见他们安然无恙，我稍稍松了口气，但还是板着脸问：“你们俩刚才去哪里了？”

南南小声说：“小山坡上。”

“要上课了，你们还没有回教室，张老师多担心啊！”

“老师，我知道，他们肯定去操场旁的小山坡上抓蚱蜢了！”旁边的一个孩子“揭发”。

我立刻想起了自己早上路过小山坡的情景，那里的确有很多蚱蜢。

“对，那天上课峰峰玩蚱蜢，还被其他老师批评了的！”

这时，南南和峰峰红着脸，轻声说：“我们以后不会了。”说着，峰峰拿出了一个玻璃杯，里面果然装着几只活蹦乱跳的小蚱蜢。

“你把蚱蜢放在这个玻璃杯里，它们舒服吗？”我一边摸着峰峰的头，一边说道。

“张老师，这个杯子是我用来喝水的，很干净的，我还放了一些草进去，这样蚱蜢就不会饿肚子了，您看！”说着，他一脸骄傲地举起那个玻璃杯，向我展示。

我哭笑不得，孩子们毕竟还小，对什么都充满好奇啊！我脑海中突然闪现出一个有趣的故事：著名的解剖学家、诺贝尔奖的获得者麦克劳德小时候和几个伙伴杀了校长最宠爱的狗，校长罚他们画一幅狗的骨骼图和一幅血液循环图。我是否可以效仿一下，对这两个孩子进行一次别样的惩戒呢？

“要老师原谅你们也可以，回家以后搜集蚱蜢的资料，向全班同学介绍蚱蜢的外形特点和生活习性。”南南和峰峰马上异口同声地说：“好的！”

第二天早上，我一进教室，南南和峰峰就高高兴兴地把作业交给了我。我认真看了起来。他们写得真不错，南南还画了蚱蜢的草图，把蚱蜢的外形特点和生活习性介绍得十分清楚。课间，我和南南的妈妈通了电话，了解情况。她说，孩子昨天回家一放下书包，就开始写，自己修改了还要给家长看，请他们提出修改意见，从来没有这样认真过。孩子还一本正经地这样对家长说：“只要我写得好，张老师就会原谅我们了。”我听着听着，开心地笑了。

我把南南的作品贴在“大显身手”展示栏里，很快吸引了孩子们的注意，大家都夸他的作品图文并茂，非常生动。南南不好意思了地说：“张老师，昨天我和峰峰已经把蚱蜢放回草地了，还是让蚱蜢们自由活动吧！”

孩子们的无心之错，引来一次别样的惩戒。或许，多年后的某个秋日，当他们再次看到蚱蜢时，不经意间回忆起这一次“别样的惩戒”，心里会变得暖暖的。

“孩子在哪儿上学，家就安哪儿”。

孩子在哪，家就安哪儿

项文浩

今天下班晚了些，天快黑了。我走到校门口，看到马路旁一位白发老人拉着一个小女孩，一脸焦急。小女孩背着书包，穿着我们学校的校服，眼角还挂着眼泪。

这一对爷孙俩怎么这么晚还在学校门口呢？我心里起了疑问。于是，走到两人跟前，俯身问小女孩："小同学，你叫什么名字啊，怎么这么晚还不回家啊？有什么需要我帮助的吗？"小女孩摇头不说话，眼泪掉了下来。老爷爷咳了两声回话说："您是老师吧？您好！这是我孙女，叫小海。唉！她爸爸妈妈加班，不能来接她，我来晚了，等了好久也没看到一辆出租车，现在手机又没电了，联系不上她爸爸妈妈。"

原来是这样啊。我叫大爷先别着急，又安慰小同学："小海不哭，老师帮你们叫出租车。"于是，我用手机叫了滴滴出租车，然后陪他们在路边等出租车到来。过不了一会儿，出租车来了，我抢着把出租车费给了司机，把老人孩子扶上了车。

第二天早上我正在上班，听门卫师傅说，接待室有两位家长找我。是谁呢？我带着疑问快步走进接待室，看见里面一男一女两个中年人，大约五十来岁，但我都不认识。

看到我走来，他们迎上来说："老师，您好！我们是小海的爸爸妈妈，谢谢您昨天帮她和她爷爷叫出租车啊！今天，我们一来向您表示感谢，二来把车费还给您。”我摆摆手说：“举手之劳，不必客气。车费就几块钱，也不用还。”他们执意要把车费还给我，我只得收下了。想起昨天的情景，我不无担心地对他们说：“你们这么忙，家又这么远，六年时间可不容易啊！”

小海的爸爸说：“是啊，当初就是听说我们学校教学质量好，我们想，就算有再大的困难也要把小海送过来，尽量让这孩子接受最好的教育。”

我微微点头，对他们投去赞赏的目光。这时，她妈妈眼睛似乎湿润了，轻声地说：“老师，我想请您坐会儿，听听小海的故事。”

“故事？”我充满疑惑地问。

“嗯！老师，你肯定很奇怪，我们都快五十了，怎么小海这么小。其实，小海不是我们亲生的，她是地震时留下的孤儿，是我们夫妻俩领养的。”听她这样讲，我顿时被感动了，连声说：“你们夫妻俩人真好，真好！小海太幸运了！”

小海妈说：“老师，您人也很好，昨天，小海和爷爷回家一直说您好。”

“我做的真是不值一提。”我有点不好意思地说，“你们的善心真是了不起！只是，你们这么忙，爷爷奶奶岁数又大，小海放学怎么回家呢？”

小海爸爸说：“我们准备把现在的房子卖了，到学校旁边来买房子。我们想，孩子学校在哪儿，我们就把家安在哪儿吧！”听了这句话，我被深深地感动了，感觉他们夫妻太伟大了，把全部的爱都给了这个并不是自己亲生的孩子身上。

与家长的对话，让我更加深刻地认识到，“学校在哪儿，家就在哪儿”不正是教育者需要做到的么？假如跟教育有关的人，都能做到孩子在哪，家就在哪，中国的教育会更好！

一个人，也是社团。一个人，也能奏响舞台。

一个人的精彩

钟　洁

2014年9月，东湖国际校区刚刚建立，全校共有98个孩子，只有我一个音乐老师。麻雀虽小，但五脏俱全。我成立了一个陶笛队、一个舞蹈队、一个合唱队，但每一个活动队里的孩子都不是很多，陶笛队更是仅有一人报名参加，那是一个漂亮、娟秀、安静的女孩子。每次训练她都是中午12:40准时来到我的音乐教室。学习音阶、吹奏曲子、反复练习……我教得耐心，她学得认真，很快她就掌握了吹奏的技能技巧以及呼吸的要点，她吹奏的乐曲节拍准确，旋律悠扬。

我喜欢看她认真的模样，每次我们都陶醉在这短短的四十分钟里，似乎每一节课就是她的一次盛装演出，那方寸之地就是她大大的舞台。午后的阳光洒落在她那恬静的脸庞，美妙的音乐在她的指尖流淌。时而是林间鸟唱，时而是月下风吟，激越、闲悠、欢快、萧瑟，以及更加微妙细腻的、无以言表的音乐情绪都可以从她的吹奏中表达出来。渐渐地，她吹得越来越好，很多好听的曲子，如《风动草》《阿爸的故乡》《故乡的原风景》《成都》等，她都信手拈来，学校里的好多同学都羡慕极了。

就这样，她如小小的花儿一般，在偌大的花园里一朵独放，她用一个人的精彩，装点了整个校园。

第六章 生长

每个人心中都要有光，哪怕你是一个落选者……

落选的你，也了不起

张 翔

图书架刚好三排，每排图书要确定一位图书管理员。我首先让孩子们自己举手报名，四十只小手差不多都举起来了，孩子们的天真和热情让我为难。于是我宣布，已经是小班干的孩子退出，把机会让给其他同学。这样，可以参加招聘的就剩下十几名孩子了。但图书管理员只需要三名，怎么办呢？绞尽脑汁想了好些天，我最后采取了择优录取的办法。我出了个考题：请每位参加竞选的同学设计一份《图书借阅登记表》。因为我知道，在这个难题面前一定会有孩子选择退缩，也一定会有孩子选择拼搏。果不其然，当场举手愿意接受挑战的孩子又减少到十二名了。

第二天，我一共收到了十二份《图书借阅登记表》。连续两天，都有孩子问我："老师，我能不能当图书管理员？"面对这些孩子充满期待的眼睛，我拿出孩子们设计的表格一一点评，选出了最有特色的三份。按照公平竞争的原则，有三个小朋友当选图书管理员。在我郑重宣布图书管理员名单的同时，我也注意观察了落选的孩子：小红眼里立刻噙满了泪水；小力的脸红红的，低着头回避着我的目光；刚刚还在乐呵呵的小强，怔怔地盯着我，满眼的失望……说真的，我也挺不好受的，但同时，我也非常清醒地意识到：这件事情就是鲜活的教材，能教会孩子们如何用阳光的心态面对失败。于是，我对孩子们说："首先，让我们用掌声向当上图书管理员的三位小朋友表示祝贺！他们很了不起，通过努力获得了的机会，也希望他们能更加努力地为大家服务。”话音一落，教室里响起热烈的掌声，当选的小班干部背挺得直直的，笑容洋溢在脸上。我继续说：“其次，让我们把掌声同样也献给没有当选图书管理员的小朋友。我觉得，现在的他们也了不起！”一双双充满疑惑的眼睛望向了我，这其中也包括那几个落选的孩子。“虽然他们落选了，但是他们没有任何人抱怨，而和大家一样，把自己热情的掌声送给了当选的小朋友，这说明他们不光友善，还非常有风度。因为他们知道，只要用心做了事情，失败了也没有关系，为大家服务的机会还会有很多，他们一定会继续努力的！你们说，这是不是很了不起呢？”“是！”教室里再一次响起了热烈的掌声，那几个孩子显然觉得非常意外，此刻他们不再回避我的目光，而是下意识地挺直了背。

放学的时候，小强特意跑过来问我：“老师，什么时候还选图书管理员啊？”我说：“当书架上的书越来越多，需要更多人来帮忙的时候。”“哦，那我还要参加。”说着，就开开心心地去站队了。

我看着他的背影，正好一抹斜阳照在他的身上。我舒心地笑了，我为我的孩子们骄傲，因为他们在经历了风雨挫折后心里仍充满阳光。

当教师把每一个学生都理解为一个具有个人特点、具有自己的志向、自己的智慧和性格的人的时候，教师才能真正去热爱儿童和尊重儿童。

你们为么斯要扳沙？

曾　莉

武汉话“你们为么斯要扳沙？”用普通话来诠释就是：“你们为什么瞎折腾？搞事情？”

就在不久前，一位家长爷爷在学校门口当着众多家长的面毫不留情地大声训责：“你们为么斯要扳沙？”这一刻，是我从教二十多年来最难堪的一刻。

四月下旬，天气变幻无常，武汉的天气阴晴无定，一天之内就能让人感受到四季。四月二十一日，是我们原定的“帐篷书窝日”的活动日，各种准备工作都在有条不紊地进行。原定在头一天放学时就搭好帐篷，可天公不作美，临近放学时突然下起了倾盆大雨。“帐篷还搭吗？”“操场有积水，好搭帐篷吗？”“若明天搭，还来得及吗？”……全体行政和后勤人员紧急协商后，在校园QQ群里发布了通知：因天气原因，现将搭帐篷的时间进行更改，各班在“帐篷书窝日”当天提早一小时进校，资源部清扫操场积水，师生和家长志愿者共同搭好帐篷，营造书香氛围。

将此事落定，我和两位主任在校园里又巡查了一番活动筹备情况，并冒着雨往校门口走去，准备通知门卫师傅打开校门方便家长进校接孩子。正走着，远远看到校门口一位家长爷爷正在质问门卫师傅，有人说：“校长来了！”家长们的目光齐刷刷地聚向了我们。爷爷立马调转枪头，情绪激愤地吼起来：“这学校的人冒得么斯就扳沙！搞个帐篷节，这帐篷要么样搭？里里外外都是水，伢们个个要得病！你们为么斯要扳沙？疯了！……”

他的训喝犹如霹雳，炸得人头皮发麻！家长们用灼灼的目光紧盯我这位“失心疯”了的校长。那一刻，我全身血液都凝固了！难堪、屈辱、悲愤、震惊，五味杂陈！

我该怎么办？！我要怎么办？！

良久，我走上前，对门卫师傅说：“师傅，把校门打开吧，让家长进校接孩子。”说完，默默转身走向教学楼。

那一晚，我失眠了。

第二天，天气晴好。“帐篷书窝日”如期进行，书香四溢，帐篷满地。“帐篷书窝日”很受欢迎，刷爆了朋友圈，孩子们太喜欢了，这是他们期盼已久的活动。在“家长100”论坛上，有外校的家长羡慕地说：“真希望我们孩子的学校也能组织这类活动。”我校的家长则自豪地说：“来顶帖，好喜欢我们学校！”一位妈妈欣喜地告诉我：“曾校长，‘帐篷书窝日’那天回家后，孩子把他的小帐篷支到了阳台上，现在每天回家都会窝在帐篷里读书，一读就半个小时不肯出来！”

因为“扳沙”，我们办了个“帐篷书窝日”，让孩子们喜欢上了阅读。“帐篷书窝日”不只是改变读书的姿势，更是一种态度。孩子们小时候读过的书，或许大部分会被忘记，但这份对阅读的喜爱，会慢慢融进孩子们的骨血，在他们的成长经历中，只要遇到一个触动点，就会喷薄而出。

如果能再遇到那位爷爷，我会对他说：“爷爷，不爱扳沙的孩子不是好孩子，不爱扳沙的老师不是好老师，不爱扳沙的校长不是好校长，希望您能和我们一起来扳沙！”

是的，我们会有更多的“扳沙”，双胞胎日、创意发型日、戏剧节、美食节、诗词节、家长社区互动节……家长们、朋友们、伙伴们，来吧！让我们一起来“扳沙”！

温和的力量

曾 静

这是一个有点特别的孩子，我在一开始接触这个班就了解到了，我称呼他为小东吧。他还没有做好课前准备的意识，所以经常需要老师提醒。上课时，小东会忽然站起来，半天都不肯坐下去。问他原因，他会慢吞吞地回答:“我不想坐。”偶尔，你会看不到他，因为他钻到桌子下面去啦，不知在捡什么东西。有时他会在桌子下面戳戳这个同学的腿，挠挠那个同学的痒痒，使整个小组的孩子们都叫起来，他却只“呵呵”地笑。听课时，如果听到感兴趣的，他会马上在课堂上嚷嚷起来，自顾自地把自己想讲的话断断续续地讲完。

每次提醒他，他也会安静几分钟。可是不一会儿，就又在座位上扭起“麻花糖”来，前后左右地找人说话，或者去扔别人的笔袋。我对他有点头疼，他也不是完全不听老师的，可是会转眼就忘，我也不能在他身上花太多的时间，因为那样会耽误全班孩子的学习进度。

于是想，要不，换一种方式？不纠结于他的一举一动，但是，如果他在座位上好好坐了一段时间，我马上就表扬:“小东今天很不错，坐得端正。”如果他在上课时自说自话，我会说:“哎呀，小东的意见真不错，要是举手来说就更好了。”如果他在座位上蠢蠢欲动，又想去打扰别人，我会适时提醒:“小东刚才听讲很认真呢，要坚持下去啊。”当我用温和的语气，真诚地对他说这些话时，他也变得平和起来。

他在课堂上坐得好的时间越来越长，慢慢意识到要举手发言，就会高高地举起那只肉肉的小手，郑重地发表他的意见。听课的时候，眼睛越来越闪亮。当然有时也会有点管不住自己，但是，我知道这个孩子的自律能力越来越强了，他也越来越愿意亲近我了。

每一个孩子都是独一无二的，如果能用真诚的心去对待，用温和的力量去指引，会带来美好的回应。从他们身上，我收获的是无限的感动。

神奇的魔法，让我们跳得更多。

我明白了

韩 俊

“取乎其上，得乎其中；取乎其中，得乎其下；取乎其下，则无所得矣。”这句话我一直不甚理解，就在上周，在我校体育节的游戏竞赛上，我找到了答案。

本次体育节，有一个项目要求7人参与，其中2人摇绳，5人齐跳，连续跳到10个的团队为达到标准，达到标准的队员，均可得到一枚“达人币”（可兑换奖品）。

为了这个荣誉，学生们均开始积极组队，跃跃欲试。

第一组，大家跳到第八个时，失败；第二组，跳到第九个时，失败；第三组，也是跳到第九个时，失败了。

组长扼腕叹息：“哎呀，真可惜！”

“就是你，踩住了绳子！”大家抱怨着那个失误的同学。

“只差一个了，为什么会失败呀！”

“我们这个小组可是曾经跳过15个……”

小家伙们既兴奋又遗憾，都红着小脸，不停地嘀咕。

他们的唠叨提醒了我，往往在快要达到10个的目标时，团队就会有人出现失误。这是为什么呢？有些小组还曾经达到过更高的目标。我想到上一届体育节，也是跳绳合作项目，规定的达标数目是16个，很多小组都跳了14个甚至15个。苦思冥想中，《论语》中的一句话冒了出来:“取乎其上,得乎其中；取乎其中，得乎其下；取乎其下，则无所得矣。”这句话提示了我目标和成功这二者的关系。

于是，我调整了队员们纷乱的情绪，提出一个新的方案：连续跳到15个者，符合标准，奖励“达人币”。大家对我的方案大吃一惊，惊呼道:“啊，韩老师，这不是怪事吗？10个都达不到，您居然调整到15个！”

我鼓励他们:“大家相信我，这一次你们一定可以做到！”

同学们纷纷表示疑惑，但他们还是以积极的心态投入进去。

“1、2、3、4、5、6、7、8、9、10……”随着大家清脆又兴奋的数数声,一个一个小组相继跳过10个，有好几组跳了14个。

跳绳结束后，我宣布，今天跳过10个的团队，均为达到标准，所以今天所有的队员，都可得到“达人币”!大家欢呼雀跃起来，十分高兴。

“天啦！太神奇了！”有学生叫道。

“韩老师，难道是您施了魔法吗？”有学生问道。

还有的学生疑惑地说:“韩老师，您为什么骗我们？”

我哈哈大笑起来，告诉他们:“先前制定的10个为标准，你们不是都没有通过吗？所以韩老师故意增加数目，这样大家就会提高对自己的要求。要知道，目标越高，效果才会越好。”

原来是这样！大家脸上均充满了好奇，又思考着这个神奇的道理。

接下来，我与孩子们一起分享了《论语》中的这句话:“取乎其上，得乎其中；取乎其中，得乎其下；取乎其下,则无所得矣。”我告诉他们，无论是游戏还是学习，都要为自己制定一个稍微高一点的目标，经过努力，最后，即使大家没有达到目标，也会比原来收获更多。孩子们认真地听着，频频点头。在他们稚嫩的脸颊上再次露出了胜利者的笑容。

关心和爱的原理跟物理学中的能量守恒定律很像。

关心和爱都会回来

易宏明

那是星期二下午第二节课的课间，我刚上完课坐在花坛边休息。

“易老师您的手怎么了？”我转过头循声看去，这孩子我记得，是我四年级足球队的小男孩儿，四年级（4）班的熊家洛，球队的孩子很多，为什么我会对他记得这么清楚呢？那是因为这孩子平常在老师的心里、在同学的眼中是个相当活泼好动的主儿。孩子说完我才往手的位置看去，原来左手食指指尖的部位泛着刺眼的红色，于是我的大脑开启了快速回忆模式，不知道过了多久，熊家洛居然拿着两根蘸了碘酒的棉签出现在我的面前，不容我思考，孩子就简单地说了句“给您”，然后跑去厕所的方向，看着他撒欢跑的背影，我情不自禁地咧嘴一笑，因为我想起了上次大课间他受伤，我扶他去医务室上药的情景。

其实关心有时候是相互的，晚一点儿也没关系，作为一个男生，尤其是像我这种“奔三”的大男生，很少有事情会触动我，这件事算得上一件。平常在老师同学眼里不太一样的孩子，也可以变得和其他孩子一样，前提是我们有给过孩子足够的关心和爱，我相信给出去的关心与爱早晚会回到我们身边。

坏事变好事，拆键盘拆出个计算机“高手”。

拆键盘的孩子

许 侃

最近经常有同学投诉，键盘上位置错位了，比如数字键区的数字全部错乱，其他字母键的位置也乱七八糟。这一定是上节课时使用电脑同学做的坏事，把键盘上的按键扣下来，互换位置。

看来，“大侦探福尔摩斯”又要出动了。在第二周上课时，我找到那节课被换键盘位置上的同学，在快下课时，再检查他的键盘，发现键盘又乱了，看来“犯案”的就是他。虽然他知道自己做错了，也承认了错误，但是如何惩罚他成了让我棘手的问题。经过深思熟虑，我决定用一种特殊的方式来惩罚他。我把键盘上的所有键都拿下来，然后让他还原。他傻眼了，说不记得每个键的位置，还原不了。我对他说:“今天还原不了不要紧，我给你一个星期的时间，下次上课前，你到我这里来还原。给你个建议，把键盘的位置都背下来哦！”在下一周的课前，这位同学兴高采烈地跑过来对我说:“许老师，我来了，把键盘给我吧！”在课间的十分钟里，他快速地把所有的按键都还原到正确的位置。

我该是表扬他呢，还是批评他呢？我对他说:“下次你还会这样做吗？”“不会了，但是我下次会尝试把主机拆了！”边说边露出“邪恶”的笑容。我对他说:“没有问题，我提供主机让你拆，但是上课用的主机就不要拆了，我们还要上课呢。还有，你要把拆了的主机装回去，并且告诉我每个零件的名称哟。”

…………

经过这样的两件事，这个孩子对计算机产生了浓厚的兴趣，并且通过查资料、自学了计算机硬件知识，帮助老师和同学们处理学校计算机的故障。对信息技术的学习也格外认真起来。其实对于孩子们的错误，我们如果找到合适的方法来处理，可能结果会很不一样，给孩子们带来一些意想不到的改变。

视频里那个稍显佝偻的身影，教育着善良的孩子们。

无声的视频

邵李娟

美术课上，我对学生们说：“今天，在学习新的美术知识以前，我们先来看一段视频。”放出视频片头“洗手间”后，我问道：“大家知道这是哪里吗？”学生们异口同声地说：“学校的洗手间。”接着我将视频画面切换到杂乱卫生间的那一帧，问：“这又是哪里呢？”大家一阵沉默。5秒之后，教室里“炸开了锅”，纷杂的声音从四面八方响起：

“哈哈哈……”

“啊？”

“老师，墙是罗××画的。”

“是李××灌的水！”

“好恶心啊！”

“不是我，是张××做的。”

“我也看见是你灌的水。”

“老师，王××也灌了水的。”

…………

看着吵吵嚷嚷的学生们，我做了一个暂停的手势，教室里的声音渐渐低了下来。我静静地说：“今天，老师不批评任何一名同学！”话音刚停，教室里瞬间静了下来，学生们张着嘴，惊讶地看着我，我接着说道：“今天，老师不批评任何一位同学，我们继续看视频，等一会儿请大家说说你们的观后感。”

视频继续播放，画面中的李师傅半蹲着伸长手臂，用扫帚将台面下的积水扫出；又踮起脚擦拭着白色的墙砖，挽起袖子用清水冲洗面盆，又弯下腰一遍又一遍地用拖布吸干地面积水……视频的最后一帧，停在了和片头相似的画面上——洁白的面盆、平整的盥洗台、干净的地面，但多了一个流着汗却微笑的侧影。我指着视频问：“谁能说说自己的观后感？”

“我们应该爱护环境卫生，不能在墙上乱涂乱画，不能乱泼脏水。”曹××说。

“我们不能玩水，用面盆时要让水边放边流。”叶××说。

“老师，我错了，我以后不会在墙上乱画了。”罗××说。

“清洁工很辛苦，我们应该珍惜她的劳动成果。”王××说。

…………

这天的色彩练习课结束后，我又来到卫生间，只是台面上有少许积水，李××正在用抹布擦拭，他看见我走来，认真地说：“老师，这不是我泼的水，但我想将它擦干净，因为李师傅有点像我奶奶，我不想让李师傅太辛苦了。”

在孩子的世界里，汽车会飞，云层能攀爬，甚至鸟儿也能载人飞行。

会飞的汽车

黄佳丽

“三八”节，班上一名学生在我上课结束的时候朝我奔过来，仰着纯真的笑脸对我说：“送给您，老师。”我接过来一看，是一只纸折的小汽车。

小巧精致而又生动，唯一让我费解的是车顶生出的一对翅膀。本着科学的态度，我对他说：“老师非常喜欢，不过，你什么时候见过长翅膀的汽车呢？”

他掷地有声地回答：“等我将来造出来送给您。”

我感兴趣地问他：“你为什么想造一辆带翅膀的汽车呢？”

他的回答让我颇为惊讶：“南湖很拥堵，有了会飞的汽车，我们就不会浪费时间在路上了，直接就飞到学校了。”

在孩子的世界里，汽车会飞，云层能攀爬，甚至鸟儿也能载人飞行。我满意地点点头，对学生微笑道：“好的，期待将来你能开着会飞的汽车载老师一回哟！”他点头如捣蒜，一脸满足地跑开了……

我仿佛看到汽车在他身后腾空而飞。

用拳头说话，可能是快速解决问题的办法，但不是最恰当和睿智的。

智取

何礼

上写字课了，不知怎的，感觉学生不像平常那样精神集中。他们有的眼睛望着别处，躲闪着我的目光，有的用胳膊遮着半边脸，似乎想掩饰什么。我借着辅导巡视的机会从各个角度察看，发现几名“健将”都成了“伤员”。一个胳膊肘有些许红印痕，一个耳朵根子呈青紫色，最顽劣的李××半边脸都还红肿着。下课后我把他们叫到办公室。

“怎么搞的？”我沉着脸问。

“跟六年级的同学打了一架……”

“为什么？”

“他们不让我们在器械区玩，还先动手打我们。老师，我们人多力量大，没吃亏，打得他们屁滚尿流……”

“老师，我们错了。”平时很少出头，但爱跟风的马××此时倒乖巧地说：“是对方先动手的，李××怕我们吃亏才一起上的。”李××脸上一副洋洋得意的表情。

李××脖子上暴起青筋，又补充道：“我们没错，您不应该批评我们！下次有这种事，我还是会‘路见不平，拔刀相助’的！”

听到这里，事情的原委我已大致知晓。我让他们都坐下，“我没说谁错，见义勇为有什么错？”几个人互相交换诧异的眼色，又一齐把疑惑的目光投向我。

“只是这次集体行动有两点过失，老师指出来，你们想想有没有道理。第一，用拳头说话，可能是快速解决问题的办法，但不是最恰当和睿智的。能让敌人‘不战而退’，才是最高境界，这方面的高手如蔺相如、诸葛亮等。如果通过讲理、辩论，甚至幽默巧妙的方法把矛盾化解掉，既达到了目的，又可免受皮肉之苦，为什么非要弄得两败俱伤呢？第二，即使打架也要打聪明架，不打无准备之仗，不打无把握之仗。你们是四年级的学生，和他们比起来，年龄、力量都处于劣势。”

可是，李××担起心来，“他们扬言要叫上更多的人来收拾我们。”

“放心吧，绝对不会的。”我成竹在胸。

“为什么？”他们异口同声地问。

“他们也有老师啊！”

李××恍然大悟，恢复了往日的顽皮：“老天爷保佑，希望他们的老师也和您一样。”

在他们离开办公室的一瞬间，李××突然转身跑回来，神秘地伏在我耳边悄悄说道：“老师，我明白了。我要做有勇有谋的鲁智深，而不是那个有勇无谋的李逵！”

“呵呵，鬼点子还蛮多的嘛！”我们相视抿嘴一笑。

人，应该做点激动人心的事

刘历云

小时候，我非常喜欢唱歌，总盼望着有一天能登上专业的音乐舞台尽情地挥洒一把，梦想着能举办属于自己的独唱音乐会。

在开学的第一次全校大会上，我正在思考教学计划如何制订，突然张校长的话震动了我的耳膜："教师应要在自己的领域展现个性，发挥自身特长。学校会给予最大限度的鼓励和支持。比如美术教师可以举办自己的画展，音乐教师可以举办自己的音乐会……"我简直不敢相信自己的耳朵，立刻向周围的同事求证，确有此事！

深藏在我心底的激情被迅速点燃！会后我立刻找到了张校长，表达了想开个人独唱音乐会的强烈愿望。他非常支持我的想法，当即就联系好了武汉音乐学院专业音乐厅，并表示学校还将为我的音乐会提供其他人力、物力上最大的帮助。

每天下班后，我的歌声总会在安静的校园里响起。一遍，两遍……一首，两首……同事们宝贵的意见给予我信心与力量，我反复琢磨、反复练习，精益求精。我完全陶醉其中，享受着歌唱带给我的莫大的快乐，享受与老师们交流的幸福，完全忘记了时间。这一切那么美好，那么快乐！因为我们都在做同一件激动人心的事。

2018年1月17日晚七点半，武汉音乐学院音乐厅座无虚席，有恩师、同事、朋友、家人，还有慕名而来的学生、家长。“我来北地已半年，半夜醒来一宵雨，若移此雨到江南，故园新笋添几许。”一首艺术歌曲《听雨》将我的个人音乐会拉开帷幕，20年的梦终于到了实现的时刻。伴随着《我爱你中国》，音乐会完美落幕。全场掌声雷动，经久不息。那一刻，我觉得自己是世界上最幸福的人，一位刚参加工作的小学老师在专业的音乐厅举办了独唱音乐会，在旁人眼里，这似乎是遥不可及的梦，而湖北省武昌实验小学帮我实现了。

每个孩子在老师眼中都应该是独一无二的。

特别的他

罗　意

生活中，总会出现一些让你难忘的人，只因为在我们的眼中，他们是特别的，是独一无二的。在我的班上就有这样一个特别的学生。

他，每次在学校里碰到老师，都会大声地说“老师好”，会让你的心情变得特别好；大大的眼睛，一眨一眨的，好像在诉说着他自己的故事；个子小小的，感觉衣服总是大了，似乎还在等着他成长；尖尖的脸蛋，总是让人忍不住心疼的摸摸他。他就是日本小朋友岩井俊文。

开学初，我对他没有什么特别深的印象。后来的两次相处，让我注意到了他。记得第一次课堂上，我为学生准备的是一个编花篮的游戏，轮到他与小组同学合作的时候，他根本就不敢参与到游戏中。我一遍一遍地跟他说，甚至是帮忙抬起他的脚，他才勇敢地去尝试了。第二次与他相处，是在吃完饭后，我们大家一起在操场上做“老鹰捉小鸡”的游戏，他也参与到我们的队伍中来，轮到他当老鹰的时候，他还是不能大胆地说出“小鸡小鸡吃饱了没有，小鸡小鸡喝足了没有”那一长串中文。带着疑惑，我走进了班级，跟其他老师了解了一下他的情况，才知道，他言语不通，从小跟同龄的人相比，就发育得慢一些，在语言方面弱一些。正因为这样，在幼儿园的时候，其他小朋友总是取笑他，以致他在人前更加不敢尝试新的语言新的动作。在他的内心深处，总被一点小小的自卑笼罩着。

知道了这个原因，在课堂上，我对他更多的是理解与包容。多给他一些耐心、一些关爱，将这些显现在无形之中。课堂下，我对他，多一点肢体上的言语，多和他一起玩耍，让他感受我跟他的亲近。

也许，很多年以后，他会忘记曾经发生在这里的事情，但是，作为老师的我，回忆起这一切来将会感到甜甜的。相信，在这样的温暖中，特别的他，会慢慢自信起来。

最好的生日礼物

瞿良亮

在我们班有两个形影不离的学生，他俩时常被请到办公室“做客”。据家长说，他们几乎每周三都要约着一起玩，因为周三是我们全校的无作业日。

今天正好星期三，晴，又是无作业日。

一打下课铃，他俩又在商量着什么，我忙着整队放学。他俩中的一个男孩被我点名了，“放学后让你的家长留下来。”我说。

男孩一脸的不情愿、不高兴，嘴里开始念叨。我走过去问他：“你有什么想跟我说吗？”

孩子一脸委屈地说：“老师，我不要留下来，今天是爸爸的生日，我想早点回去准备礼物，不想让爸爸知道我被留校挨批评。”他平时调皮不认真，没想到心里还清楚地记得爸爸的生日，还要给爸爸准备礼物，这让我很吃惊。

而另外一个暗自幸灾乐祸，在旁边起哄。

我连忙跟他说：“老师不是要批评你，而是要当着你家长的面特别表扬一下你。”顿时，孩子露出了笑脸。

我整好队，带他们出了校门，不一会学生们纷纷被接走了。人群中，我发现小男孩正拉着他爷爷的手向我走来。爷爷在孩子的推动下前行，很是勉强。

“老师，孩子是不是又犯什么错误了？”爷爷无奈地问。我连忙解释说:“不是的，前段时间孩子确实犯了一些错，但自从找他爸妈谈过之后，孩子有明显的进步，值得表扬。”

爷爷这才意识到小男孩为什么会这么急着推他来见老师了。

小男孩牵着爷爷的手蹦蹦跳跳地往家赶。望着爷孙俩远去的背影，我不禁想到，小男孩已经给爸爸准备了最好的礼物。

秋游风波

汪 莹

那天中午收到学校的通知，第二天学校组织去秋游。午休结束后，我在班上宣布了这件事情。六年级的孩子渐渐有了自己的想法，他们希望能在秋游活动中有更多自由——以前春游、秋游时，孩子们都只是自己带零食、饮料，不带钱。随着年龄不断地增长，他们希望能带一些零花钱方便买水喝、吃一些小零食。这次孩子们提出要带20元，我觉得不错，同意了，孩子们一阵欢呼。

这时就有一个孩子举手问:“汪老师，我能不能带手机？”对于这个问题，我没有急着回答，而是认真地权衡了一下——站在我的立场，我不希望他们带，很多孩子带手机是为了玩手机游戏，如果孩子们都沉迷于游戏之中，这个秋游就失去了它原有的意义。但站在学生的立场为他们想想，学习已经够累了，好不容易可以休息轻松一下，还不能玩一玩，把孩子管得太死，也不好。想到这里，我答复道:“可以带，不过每一小组，带一部手机，方便照相和联系。”班上女生对这个要求都欣然接受，但男生们显然更热衷于手机游戏，还不死心，想让我再宽容一些。继续跟我“讨价还价”，一定要人手一台。本想都冷静一下，再来谈带手机的事。但男生们依旧软磨硬泡，我索性快刀斩乱麻:“那就都不要带手机吧！”说完这话回到办公室，我心里就后悔了。把话说得太绝，孩子们会不会难以接受。下午恰逢我有事，请假不在学校，带手机这件事情，我准备放到次日再来讨论。

但事情的发展并没有等到第二天，就有了新的变化。当天晚上接到一位家长的来电，说孩子在家闹，因为老师不让带手机，男生们决定春游集体请假不去了,她觉得孩子的想法不对，寻求我的帮助。刚知道这个消息的时候，我不由得有些生气,不让带手机秋游，他们竟然拉帮结派来反抗。抑郁之气堵在胸口让我整个晚上难以平复。

夜里躺在床上睡不着，冷静下来细想，孩子们现在六年级了，他们正处于青春发育期,有自己的思想，行为也很叛逆，怎么处理这件事情，才能让事情圆满解决，而不是一直僵下去呢?

思忖了半天，我决定打感情牌。凌晨一点从被窝里爬起来，打开电脑忙活起来——我把孩子们从一年级到五年级一起出游所拍的照片一一复制到PPT里。每一张都配了文字，并在PPT的最后写了这样一段话:“你们在慢慢长大，我在旁默默地陪伴，适时地调整与你们相处的方式。我尊重你们，除了尊重你们是一个独立的个体，更将你们每一个人都视作我们E班这个集体不可或缺的一员。也许你们还没有意识到，这已是你们在小学的最后一次秋游，这一次的合照，今后你定会倍加珍惜。孩子们，我相信你们，都不愿意选择缺席。”

第二天，一到学校。我什么都没有说，直接先播放了PPT，放到最后一张时，我注意到男生们的头都低了下来。在中午午休时，我收到全班男生的道歉信。拿到信时，心里暖暖的，感觉孩子真的又长大了!

我的妈妈回来了

蔡菁菁

故事要从一次单元测验说起。在那次单元测验中，大部分孩子都取得了理想的成绩，唯独坤坤的成绩“大跳水”，又联想到他近期上课经常走神、发呆，我决定找坤坤“喝喝茶”，好好教训教训这个小家伙！

那天上完课，我站在讲台上大声对坤坤说：“坤坤，你下课后来一趟我办公室。”刚刚还在发呆的坤坤听到我突然叫他，吓了一跳，整个身体都惊了一下，随后慢吞吞地跟在我身后。

刚进办公室，我就急匆匆地对坤坤说：“你最近是怎么回事？上课不听讲，书写也很潦草，这次考试竟然考成这样……”坤坤听着我的批评，全程低着头，默不作声，我看不到他的眼睛，不知道他有没有把我的话听进去。这时我更着急了，声音又提高了八度冲着坤坤说：“坤坤，你听到老师说的话了吗？”又是一阵沉默，空气仿佛静止了一样。

慢慢地，坤坤抬起头，弱弱地说：“我的妈妈不要我了！”接着他忽然大哭起来，我赶紧帮他擦干眼泪安慰他。

此时的我非常慌乱，上班四年第一次遇到这样的情况，刚刚还冲坤坤发了脾气，一时间，我觉得自己太武断、太冲动了。

等坤坤情绪稳定后我才了解到，原来他爸爸妈妈吵架，他妈妈已经好长时间没有回家了，坤坤非常想念他妈妈，但又不知道该怎么办，所以最近上学不是很专心了。我决定帮帮这个可怜的小家伙。

随后我给坤坤的爸爸妈妈打了电话，向他们反馈了孩子在学校近期的转变，并且我也告诉坤坤，妈妈的离开并不是不要他了，而是去完成自己的工作，如果坤坤能够继续做个棒棒的孩子，妈妈就会提前完成工作早点回家陪坤坤。

从那天起我每天都会找时间帮他巩固当天的学习内容，也会多多找时间陪他聊天，尽可能地让他把注意力集中在高兴、有趣的事情上。

一个月后的一天，我看到坤坤在他的算术本上写了一句："蔡老师，我的妈妈回来了！"那一刻，我真替他感到高兴！

一次坐过山车一样的经历，一道成长路上的风景。

“过山车”之旅

曹 娜

这一天，咱们班的孩子特别高兴！因为在学校举行的“唱诵节”中，他们的精彩表演，获得了全校师生的好评！我在第一时间拿到了视频，与孩子们一起分享这份成功的喜悦。观看视频时，孩子们果然兴奋不已。打开话匣子的他们，畅谈着自己的赛后收获：只要肯努力，就一定能成功！正在这时，体育委员站起来说：“老师，明天我们要拔河，您还没选人呢！”对于拔河，孩子们又有了目标，一定要拿第一！

比赛如期举行，结果却是惨败垫底。那一刻，孩子们都如霜打的茄子一般。他们没有观看最后的冠军争夺战，一个个垂头丧气地回到了教室。就在这两天里，从第一名到最后一名，孩子们就像坐过山车一样，从高空跌入了谷底！看着孩子们哭红的双眼，我突然间有了一个想法。我再次打开“唱诵节”的视频，这时教室安静了许多。视频放完以后，我语重心长地对他们说：“孩子们，‘唱诵节’上的成功固然值得高兴，难道得了第一名才叫成功吗？来！今天参加拔河的运动员们，伸出你们的双手！”当一双双红肿的手伸出来时，教室再次安静了……一片沉寂之后，突然，一向懂事乖巧的班长站起身，带头鼓起了掌。孩子们起初一愣，紧接着雷鸣般的掌声在教室里响起。

此时的我，也长舒了一口气，意味深长地说：“孩子们，适当的挫折是人生成长的必经之路。人生没有永远的成功，人生也没有永远的失败！获得成功固然可喜，但我们也应该学会宽容失败，品尝失败！”这时，班里的“快嘴大王”站起来补了句：“老师，我知道了，失败了并不可怕，可怕的是没有了战胜困难和失败的勇气！”我赞许地点点头，趁机又问道：“你们觉得什么是成功呢？”教室里刹那间炸开了锅：“成功就是积极参与！”“成功就是奋力拼搏！”“成功就是大胆地展示自己、挑战自己！”

此时此刻的我还需要多说什么吗？不需要！我相信，这次坐过山车一样的经历，会成为孩子们成长路上的一道风景！

牵动你心弦的激励，会在你成长的路上布满快乐的足迹。

扶“贫”那些事儿

王 萍

一个星期五，班级超市售卖活动刚刚结束，我又颁布了一项新政策：特价奖励卡，10块“班级币”一张，欢迎抢购免作业卡、特殊午餐卡、换座位卡、心愿卡……教室里一片欢愉，有的同学边吃着零食边摆弄着刚刚买来的小玩具，有的在炫耀花“巨款”买来的豪华笔袋，还有的同学美滋滋地幻想着预约成功的特殊午餐。

我刚回到办公室，郭小胖同学气喘吁吁追上我，一脸难过地哀求道：“王老师，我能贷款买‘特殊午餐卡’吗？我可以先付个订金。”说完，急急忙忙从兜里掏出皱皱巴巴的两块班级币往我手里塞。一向对任何事情都无所谓的他突然这样一本正经，让我忍不住笑出声。“你这还是首付两成咧，可惜，你的信誉度不高，上学期还拖欠罚款，班级银行行长不会批款。对不起，我也帮不了你！”我连忙把钱还给了他。看到我的举动，他又带着哭腔抱怨：“我都快穷死了，真的好穷……大家都叫我‘穷鬼’！”看来，由于新颁布的政策，他受到了大“刺激”。看他一脸的真诚与无奈，我决定趁热打铁，来帮帮他。

首先，我请他坐下来，一起分析“贫困原因”。

“你的班级工资呢？”——“我爱偷懒，大部分工资被扣掉了。”

“作业本上总有‘☆’吧？”——“字写得不好，题目总是漏做，基本没几个‘☆’。”

“上课发言举手加分？”——“加了，然后因为讲小话又被扣了。”

三个问题答完，他已经像是霜打的茄子，没有一点儿精神。我连忙安慰：“别灰心，你要相信我。按我说的做，我一定让你生活‘奔小康’。”他似懂非懂地点了点头。

找到了原因，就该付出行动了。

为了确保每周5块“班级币”的“工钱”能进他的口袋，我特意找了负责人，每天提醒他三次按时完成班级工作。每天放学时，他都会去看看工作记载表，直到确认当天没有被扣分，他才拍拍胸口，长舒一口气，放心地离开。

写字只写半边、漏字，是他最大的问题。我俩约定好，每次的课堂作业他单独交来办公室，我先用铅笔圈出错误，他在草稿纸上写会并记住，然后修改课堂作业里的错字，让作业干净整齐，我再批改。这样，作业本上的“☆”也越来越多了！

我还悄悄把他所在小组的小组长喊来，让小组长帮忙督促，我们私下约定：郭小胖得表扬，整个小组成员都奖励棒棒糖。听到这样的奖励政策，小组长的眼睛都亮了。当在课堂上小组展示时，小组长把稍简单的问题都分配给郭小胖来回答，先帮他克服他的畏惧心理，渐渐地，他也能镇定自若地表达自己的想法了。

一周过去了，激动人心的时刻终于到了。当班级银行行长念道：“郭小胖，本周12元……”他当时激动的表情和动作，让我也特别激动。当我给他一个大拇指时，他得意地说：“我发现，赚钱也没那么难嘛！”我立即送给他四个字：贵在坚持。

现在的郭小胖，已经是一位名副其实的“中产阶级”，有“钱”买免睡午觉的资格，也有“钱”消费。

用孩子们最喜欢的方式来激励他们不断进步，从数据分析，我的扶“贫”工作业绩还是很不错的！

幸福是：你们的成长有我陪伴，我的岁月里有你们。

暖暖的冬至

钟　英

在冬至节的前一周，学校宣布今年的冬至大家在学校过节，一起包饺子，煮饺子，吃饺子。一想到那个场景孩子们就开心极了，其实老师们何尝不开心呢，就连我们班的外教老师Tommy都兴奋不已！他说我还没过过这个节呢！

班主任陈珊老师不仅有经验而且还特别有想法，她召集Tommy和我开了个短会。她说这是一个让学生们感受中国传统文化的好机会，我们可以抓住这个机会做一个主题课程！首先，由陈老师介绍一下什么叫冬至，然后利用Tommy老师的外教美术课让孩子们自己用画笔继续感受冬至，最后在动手包饺子的过程中体验冬至，我们都觉得棒极了，就开始分别积极准备起来！

终于等到了冬至那天，一大早到学校就听到了一个“噩耗”，学校停水了，这可怎么办啊？大家都在担心，今天的活动会取消吗？在忐忑不安的心情中，我们等来了资源部的通知，说每个班会发一桶纯净水。这下，我们悬着的心稍微放下来一点儿。看着生活老师忙前忙后地搬水，我心想，该知足了，不方便是肯定的，但至少活动没有取消啊！

孩子们午休起床后，陈老师再次在班上强调安全，重申规则，家长们也都陆续到齐了。没有人指挥，可一切都在有条不紊地进行着。Tommyl老师和几个孩子在布置黑板，陈老师在分小组，家长们带着已分好小组的孩子们在包着饺子，而我在一旁拿着手机记录着这一切……

合作学习要充分利用"个体差异"这一教学资源。

合作学习很重要

吴 珍

美术教学与其他学科教学一样，面临着学生能力有差异这一大难题，光凭传统教学方法恐怕很难奏效。合作学习正好为我们提供了良机。

古人云:"三人行，必有我师焉"。在合作学习小组里，这个"师"暂时由小组长担任，他要负责小组的讨论、分工和检查、汇报等工作。小组工作运转好坏与组长有密切关系。所以小组长必须先行一步，提早预习作业，成为"带头羊"。比如:简笔画动物，剪、折、插、贴等工序，小组长要心中有数。经过一段时间的合作，小组里出现了"四人行，人人皆师"的情况。

合作学习充分利用了"个体差异"这一教学资源，改变了传统教学过程中信息量仅仅从教师到每个学生的单向交流，变成了学生与学生、教师与学生之间的多向交流。学生有了信息又有基本技能，肚里有货，他们当然跃跃欲试！小组长在分工时要按他们的特长让他们"各显神通"，折的、画的、剪的、粘的、插的、修改的，道道工序都有小能手把关，实行"一条龙"流水操作，小组里人人成了老师，自然就找不到"差生"了！难怪他们那么自信，一个个有板有眼，十足的老师派头。《动物园》的作品不仅要精巧，而且内容要丰富热闹。小朋友拿半个大盒子，四边插上"小树"，架上"小桥"，"造房"，"修"湖，俨然成了一座动物园，一只只动物往中间一站，真逗人！

一个坏的教师奉送真理，一个好的教师则教人发现真理。

小土豆点燃大梦想

刘　莉

英国心理学家温尼科特曾说，孩子以自己的感觉为中心而建立起来的自我，是真自我，是生动而流动的，他放松，专注并天然富有创造力，而这创造力里总会包含着无数个“为什么”。

二年级时，孩子对校园的一草一木都渐渐熟悉，但是他们时常会有新发现。这不，班上有几个男孩子就对应急灯底下的指示牌产生了巨大的好奇。一下课，小家伙们就喜欢围着它看个不停，嘀嘀咕咕。我叮嘱他们那里有电危险，一定不能用手接触，他们似乎小心了一些，但仍开着“小会”，似乎还在激烈地争论着什么。

一天课间，几个小家伙拿着掉下来的应急指示牌跑到我的办公室，兴奋地大声嚷嚷着：“刘老师，刘老师！灯牌掉了，它会亮不是因为有电线送电，而是里面有电池。”话音未落就迫不及待地一拨，“您看，这样断开电池的电，指示灯就熄了。我们猜对了！”望着这几双扑闪的大眼睛，充满稚气，清澈明朗，我内心一阵悸动。这是才二年级的娃娃呀，就已经有这么多大胆想象和猜测，更可贵的是他们一直在努力探索，寻找答案，验证自己的想法。我故意很惊讶地说:“呀！小科学家们，你们真是太棒了，这个发现很了不起哟，连刘老师都不知道！”几个娃儿脸上立刻露出了满足的笑容。

当我把这件事在班上讲起时，一连串的问题扑面而来:“那纽扣电池的电是从哪儿来的了？”“电池的电为什么不会电到我们？”“闪电的电可以收集起来用吗？”……如何不让孩子探索的链条出现断裂？我突然想起，石昊成的妈妈曾在朋友圈里发过，和孩子一起用土豆做发电实验的趣事。能不能邀请他们来家长课堂，带孩子们一起探索答案？

邀请被欣然接受，当四十个土豆摆在孩子的课桌上的时候，孩子们从哈哈大笑到聚精会神。在石爸石妈的引导协助下，运用铜片和锌片，以及细电线连接土豆和灯泡。当电转化为光的神奇时刻来临时，“哇！耶！”的欢呼声在教室里此起彼伏……孩子们亲手做实验，亲眼看到了答案，身临其境，记忆深刻!

四十个小小的土豆上，陆陆续续燃起点点光芒，在乍暖还寒的初春里，就像一盏盏明灯，穿透科学的茫茫迷雾，引导着孩子们到达知识的彼岸。

孩子不停地问“为什么”，是觉察到了世界的不简单，并且已不满足于表面化的观察，想要挖掘更深层次的内容。这表明孩子的观察力、想象力、创造力、学习能力都在悄悄萌芽，我们要做的就是要点燃这“探索”的火花。

午后的暖阳斜过树荫，不安分地跃上窗台，轻巧地跃入绿植角的薄荷叶上，那是孩子们亲手种植的“小伙伴”，班级的“问题墙”上很多“关于植物的为什么”都随着小薄荷的长大，不言自明，迎刃而解。如今，墙上的疑问越来越多，又总有孩子勇敢地揭榜回答……

这种成长的喜悦正如胡适先生所言:“怕什么真理无穷，进一寸有一寸的欢喜。”我暗暗思忖，永远不要轻视孩子每一个微小的“为什么”，一块小小的灯牌，一个小小的土豆，一株小小的薄荷……都会让孩子们求知探索的小火苗越燃越高，点亮了未知的大梦想!

创意&创业

张 怡

元旦要来了，“跳蚤市场”也来了，用这学期所学的POP海报设计给你们的店铺做个有创意的海报吧！不过，在做海报之前大家必须先想好你的店铺要经营什么呢?

每天穿梭在六年级的各个教室，我觉得我不仅是在引导他们创意也是在引导他们创业。“解忧杂货店”“忘忧杂货店”“解恨杂货店”……铺天盖地的都是杂货店，有没有特别一点儿的呢?

刘振菲:“老师，我要卖棉花糖，我把家里的棉花糖机带来做棉花糖，可是机器需要用电，我只能在教室里摆摊。”

“你除了做一张大的海报贴在教室门口，还可以做一些传单放在其他同学的店里。”我与她商议。

“那我可以把传单做成打折卡放在别人店里，有顾客在他们店里消费了就送顾客一张。既起到宣传作用又可以重复利用。”刘振菲得意地说。

“我们借了艺术楼的美术教室准备开一家咖啡馆。名字叫‘壹杯时光’，除了有饮品还有甜点，再摆些漫画书，可以让大家坐下来享受一杯咖啡的时光。”陈诗雨、黄语嫣、杜欣璇三位同学找到我，介绍她们的创意。

“哇！这个店很适合我，可是艺术楼的位置比较偏僻，你们想想怎么宣传，海报必须做大一点放在靠近操场的位置。你们还可以去广播站试试能不能给你们播放个广告，你们想想广告词吧！”我鼓励她们的同时，也帮着出个主意。

又是一年“跳蚤市场”，又是一次收获快乐的节日，更是一次孩子们成长的机会。

真是神奇的秋游啊，不仅治好了孩子的“腿病”，还教育了孩子学会诚实！

神奇的秋游

谢　蓬

我们班上有个特别的小伙子，就叫他小Z吧。特别就特别在他好高好壮，但就是“懒”。我们的教室在三楼，他不想上体育课，不想参加阳光活动，不想参加课间操，就连周一的升旗仪式有时都不想下楼。

这学期刚刚开学，他就瘸着腿走进教室，用水汪汪的大眼睛可怜巴巴地看着我，对我说:“老师，我的膝盖疼，医生让我不要运动……”这样就是两周没有参加任何体育运动。不见好转，联系家长，家长也这么说，说准备继续看医生。

一天，班上的小赵跑进办公室，神秘地对我说:“老师，小Z的腿疼是假的，他本来是左腿瘸的，刚刚我亲眼看到他用左腿在走路，而且走得好快。”“不会吧。”他平时放学连走路队都是要老师或者同学搀扶下楼、走路的呀。带着疑问再次询问孩子，孩子回答说一直疼；再询问家长，也证实了孩子腿疼的真实性。于是课堂上、课间里，我对小Z更加关心。

过了两天，学校组织去秋游。秋游可是孩子们最期待的活动之一，我想，这次可以试试小Z了。在通知完秋游安排之后，我找到了他，问他，腿疼好些了吗？他连忙说，好多了。我关心地问，我们这次去秋游要走好远呀，你的腿疼还没有好，到时就在家里休息吧，而且医生也不让剧烈运动的。小Z看着我，想说什么，但欲言又止。看到他的表情，我心里明白了八九分，说，这样，你让妈妈带去医生那里再看看，看看医生有什么建议。他连连点头。

可是，连着两天，小Z毫无动静，到了秋游那天早上，他来了，说腿疼好了。我说路好远，他说能走；我说没有人搀扶，他说不用；我说背着重重的干粮让人心疼，他说他背得动；我说体育课不上的人不能去，他说所有的活动都能正常参加了；我说我怕路上他脚疼加重我不能负责，他急切地说他写保证书，自己负责……一句话就是一定要去秋游！说着他拿着纸和笔就开始行动，写下了一份《保证书》。

快乐的秋游平平安安地度过了，看着他灿烂的笑容我也不想批评他。

秋游回来上学的第二天，他怯怯地来找我，说："老师，我骗了您，和我妈妈一起骗了您，我们错了，我以后一定正常参加体育活动，好好锻炼身体，不装病了。"

孩子毕竟是孩子，知道错了马上改错就好，真是神奇的秋游啊，不仅治好了孩子的"腿病"，还教育了孩子学会诚实！希望我们的各种学习活动都充满神奇的力量，让我们的孩子喜欢参加每一项活动！

小萝卜头也可以带来憧憬与快乐。

憧憬彼此的憧憬

徐毓徽

班上的孩子送给我了一个萝卜头，看着上面蔫了的枝干，我怀疑地说道：这真的能长出来吗？他神色郑重地告诉我：妈妈说了，真的可以。从此，每一天他都会到我办公室来看几次，我们一起为萝卜头的一点点成长和改变而欣喜。

当其他孩子来我办公室的时候，瞥见了我放在桌旁青翠欲滴的一抹绿色，就好奇地问我："这是什么啊？"

萝卜头，我淡淡地回答到。

啊，萝卜头可以长成这样。孩子带着惊奇离开了我的办公室。

过完年，却有孩子将他们养的萝卜头带来送给我，真是意外之喜。更让我高兴的是有孩子突破了我的模式，养了整个萝卜，开着淡淡的小白花。

当记录下故事，会发现故事不仅是"我"的故事，还是"我们"的故事。我们很多时候不自觉地以一种居高临下的态度对待孩子们，其实我们与孩子们都是具有独自思想和感受的个体，我们憧憬于彼此的憧憬，感受彼此的感受。

我们自以为阅透了人生，心早已磨出厚茧，可是，一篇朴素的文章、一段质朴的对话、一个感人的细节，仍足以令我们鼻子发酸，心头发烫。

第七章 点燃

用孩子的眼光看世界、给孩子们成长的机会、相信孩子们的无限可能，教育才能真正散发出本来的味道！

“老师，我带您坐地铁”

金　俊

谟谟，是一个内向孤独的孩子，他常常喜欢一个人低头琢磨自己的事。

新学期第一节课，我走进教室和孩子们分享假期生活。

“老师，我去了土耳其，经历了很多人生中的第一次。第一次踏上欧洲土地、第一次坐热气球、第一次看到死海……”

“爸爸妈妈带我去了北京，故宫里古老美丽的建筑，仿佛在跟我们讲述着曾经发生在那里的传奇故事……”

孩子们争先恐后、兴致勃勃地和大家分享着所见所闻，所思所得。我为他们的见多识广由衷感到高兴。

此时，谟谟深深地将头埋在桌下，周围的一切似乎都与他无关。我轻轻地走过去，摸着他的头说:“你在干吗呢？”他缓缓抬起头，一言不发。僵持了大概有十秒钟，我打算放弃询问了，突然，他迅速地从抽屉里抓出一张纸藏在背后，并且倔强地看着我，依旧一声不吭。我好生尴尬，甚至有点想大声呵斥以示老师的威严。这时，坐在谟谟身后的皓泽以迅雷不及掩耳之势抢过那张纸，大声喊道:“老师，他在画画！”皓泽一边叫着，一边把那张纸递到了我手中。谟谟有些急了，红着脸“腾”地一下站起来，伸出手又怯怯地收回去，眼睛死死地盯着我手上的画纸，似乎要哭了。“或许这张纸对他很重要吧，何不给他一个在全班面前表达的机会呢？”我这么想着，心情也平静了许多。

“谟谟，老师知道这肯定是你假期里的得意作品，我现在还给你，并且替皓泽向你道歉，但是我特别希望你能给大家介绍一下这幅作品。”我把纸递到了他手中。

对于我的话，他似乎感到有些意外，迟疑地接过纸又望了我一眼，小声说道：“这，这是地铁线路图。”

“哇，地铁线路图！老师最怕坐地铁了，老是搞不清方向，你能教教我吗？”

这句话好像给谟谟打了一针兴奋剂，瞬间只见他两眼放光，高高举起那张已经有点发皱的纸，急速地说：“老师，这个假期我没去旅游，我每天都去坐地铁，地铁站名我能背出来。”我替他打开投影，请他站到讲台上，为他抹平那张地铁线路图。他激动地给大家讲述了武汉地铁线路的整体布局，如何购票、如何换乘，甚至还有他自己对未来地铁的设想，一气呵成，让在场的每一个人都震惊了。

下课铃响了，我走出教室的时候，谟谟跑过来拽住了我，我轻轻地说：“你真的很棒！”他踮起脚，在我耳边说了句：“老师，我带您坐地铁！”

每个孩子都有自己的梦，我们带着他们一起逐梦就好！陪伴他们成长的路上，我们要多一分宽容、多一些等待，牵着这些“小蜗牛”的手散步，会看到更多曼妙的风景！

没有什么事是一粒牛肉干不能解决的；如果有，那就两粒牛肉干。

爱“呲肉”的小胖胖

陈思祺

开学第一天

伴随着蒋校长在全校开学典礼上的第一声“爱的呼唤”，我认识了二A班这个胖胖的小伙子——汪子恒。当我告诉他他的小手胖胖的，摸着很舒服时，他大方地邀请我，以后可以经常来摸他的小胖手。估计那时的他还不知道，开学以后的我们，真的会天天见。

第一个晚自习

因为是才接手的班级，为了了解孩子们的基本情况，我让孩子们默写了26个字母的大小写。于是，我和汪子恒之间有了第二段令人记忆深刻的对话。“陈老师，辣个s前面是什么？”操着一口标准的汉式普通话，他一脸不好意思地把英语本拿到我面前，告诉我，就只能写出这么多了。我一脸无所谓地告诉他，过了一个暑假还能记得这么多，相信这两天再复习复习，他一定能都记起来的。虽然表达得很轻松，但其实我的内心已经无奈到了极点。接下来因为作业问题我们之间又有了几次充满转折性的对话。我渐渐发现，这家伙也不是传说中那么“顽固不化”的。

第二周值周

在大门口执勤时，突然看到了汪子恒，我一把将他拉过来："汪子恒，最近读书很勤快呢，要坚持哟！"他一脸羞涩地跑开了。课间，我对汪子恒说："走，跟我去办公室！"只见他一脸惶恐不安地看着我："我不去，你要干'什莫'？"我笑着说道："帮我把本子送办公室去。"他跟在我身后，一脸忐忑，估计那段楼梯是他走过最久的楼梯。进到办公室，我拿出了一颗糖和一粒牛肉干，问："选哪个？"汪子恒毫不犹豫地说："我还是呲肉吧。"我说行。接着我又问："知道为什么给你小奖励吗？"他憨厚地说："不知道耶。"我接着说："你最近作业完成得都很好，读书也很勤快。所以我想给你一个小小奖励，希望你继续努力哟。"只见他一个劲地点着他的圆脑袋，开心地离开了办公室。

后续

下午，办公室的老师回来说："今天汪子恒也不知怎么了，到了午休时间都不睡觉，在那儿写英语单词，还说要写完了再睡觉，真是太阳从西边出来了。"我哈哈大笑，没想到，一粒牛肉干竟然有这样的功效。

孩子们一遍一遍地唱着校歌，歌声表达着孩子们对学校的热爱，那，也是我心中的爱。

校歌唱到长江边

安燕萍

“长江南岸，黄鹤楼旁，武昌实小，我的母校，……”汉口江滩回响着孩子们欢乐的歌声。今年的秋游，我们一年级新生去的是汉口江滩，孩子们手拉手排着队，走在风景如画的长江边，秋高气爽，江风习习，空气中弥漫着浓郁的桂花香。这是孩子们成为小学生后的第一次秋游，刚刚过去的一个月，校园生活还是蛮紧张的。回归大自然，他们都很兴奋。兴许是看到了长江的缘故吧，孩子们情不自禁地唱起了我们的校歌，歌声表达他们愉快的心情，更表达他们对母校的喜爱。想起刚刚入学的那一天，我给孩子们介绍美丽的校园，有兔园，有棋道，有各种专用教室，有鸟巢……这之后，我特别给孩子们介绍了教室后面那排古老的红房子，我告诉孩子们，无数的革命先烈曾经在这排红房子里学习工作过，曾经在实验小学的土地上走过跑过，我们的学校是有着百年历史的名校，这是我们作为实验小学一份子最值得骄傲的地方！我不知道才入学的孩子们听不听得懂我说的这番话，当时我只想着把自己对湖北省武昌实验小学的爱传递给他们，想着把这份历史的厚重传承下去——毕竟我已经在这片热土上工作了三十个春秋。而此时，听着孩子们自发的校歌声，那么喜悦那么真诚，我能够感受到他们作为一名实小学子的骄傲，我想他们听懂了我作为一名实小教师的心声。

每一个孩子都是独一无二的天使，我们要用不同的方式去亲近。

嘿！我就在你身旁

徐　波

“好啦，大家开始分小组练习。”一堂葫芦丝课正在进行着。我走在充满旋律和交流声的教室里，有时在个别小组里蹲身子示范交流，有时嗯哼两声进行集体讲解一下，有时又游走在小组中间。每次听到孩子们吹出优美的葫芦丝声，都使我感到非常的满足。“啪嗒……啊……老师老师……”几个女生跑过来说小赵又不好好练习，刚刚又把板凳弄倒了，差点砸到小琪的脚。我顺着桐桐手指的方向看过去，小赵嬉皮笑脸地看着我。听到其他同学的控诉，小赵依旧在那里玩闹，我只好让他在我身边来练习。

说起小赵，他可是任课老师口中的淘气包，上课不遵守纪律，喜欢讲话都成了他的代名词。每次上课时，小赵都不好好和小组同学练习。有时自己在一旁很用力很大声地胡吹旋律影响大家，有时干脆在教室里转来转去，影响同学们的练习。在葫芦丝课上，我要求大家齐奏时，小赵却又低头不吹。这样的小赵在课堂上，很不受同学们的喜欢。为了改变他，我就多次单独找他聊天，刚开始下课后我留下他，无论我跟他说什么，他都是嬉皮笑脸地看着我。由于上课铃响起，我不得不让他回班上课。这样的交流实在没什么效果。

一天下课，我看他冲出教室，趴在走廊上从口袋里拿出几张小卡片，不亦乐乎地和几个同学玩着。我观察了几分钟，发现他的兴致很高，眼睛里闪烁着光芒，非常开心。

后来我得知男生中流行着一种叫“米米卡”的小卡牌玩具，于是我买来了一点，准备奖励给他，我再次留他下来聊天，我拿出“米米卡”摆在他面前，他顿时注意力就集中在我的手上了。我说:“你回答我几个问题我就奖励给你。”只见他点点头，慢慢地回答了我心中的疑惑，然后他抓起我给他的“米米卡”又蹦又跳地走了，就这样我才知道，他上课在小组中打闹是为了引起同学们和老师对他的关注，只因为平时很少有同学和他一起玩，所以就用闹的方式来吸引别人的注意力，但是到了齐奏时，他又因为自己不会吹并且气息不足，怕影响了合奏，所以选择了不吹。通过对他的了解，在上课时我就改变了一点方法，我请班干部和他一组，帮他一起练习，在朋友的帮助下他进步了一点，我也告诉他只要班干部说他表现得好，老师就会奖励他。就这样，小赵慢慢进步了，他的葫芦丝演奏进步了许多，也交到了朋友。

在葫芦丝上课齐奏时，刚开始吹长音，练习气息，他始终吹得很短，最后连练习都不愿意了，更不愿意齐奏。下课后我就用游戏的方式来引导他练习，我和他比赛，看谁吹的长音又平稳又长，赢了的就可以得到“米米卡”，输了的人就得再吹三遍，就这样慢慢地，小赵的长音吹得越来越好，越来越长了，上课齐奏时，他的胆子也大多了，敢吹了。慢慢地，他的演奏有了很大进步，这使我得到了很大的成就感。

每一个孩子都是独一无二的天使，我们要去感受他们的不同。他们的笑、他们的闹、他们的捣乱、他们的内心，我们都要用不同的方式去亲近，才能让每一个孩子的都能绽放光芒，他们是谁？他们是我可爱、调皮、乖巧、聪明的学生。我们是谁？我们是一群关爱孩子的教师。嘿！我就在你身旁！

倾诉的力量是巨大的，你说的每一句话都可以顺着大树直达地底也可以到达天穹。

大树是我最好的朋友

向红平

最近一个同事家里出了些状况，请假在家陪伴家人。领导打电话询问情况，关怀中打开了同事的心门。同事向领导倾诉了累积了许久的心事，从电话那头可以清楚听到诉说完后的轻松。

成年人如此，那孩子呢？孩子遇到困难了，有心事他会找谁诉说呢？好朋友？家长？

我的结对小伙伴是二年级的ZYY。平时在班里挺活泼的，爱笑。前几天班主任老师找到我说，最近ZYY每天的作业都没有写，早上上学还经常迟到，找他谈话也不太愿意理。随即我找到ZYY，和他聊了聊情况，问他的问题他都敷衍地回答我，从他眼中我看得出些许难过和不安，甚至，整个人都是低沉的。

我知道他喜欢踢足球，于是拿了足球叫他一起去了球场，跟他说："我们一起踢球玩，要是不开心就踢几脚，跑一跑，如果想跟我说说心事，喊我就行。"过了会儿，他叫住我说："家里添了妹妹，爸爸经常出差，妈妈没有很多时间管我了，以前回家妈妈总陪着我写作业，现在回家根本都不管我。早上连送我都没有时间。"我问他："那你这些事有没有跟老师或者同学说过呀？"他说："班上有几个好朋友，有些小事我会跟他们说。但这件事怕他们笑我，我也就没跟他们说这事。而且我也不敢跟老师讲。不过我还有一个特别的好朋友呢！”“是谁呀？”“向老师，你知道我们班的菜园是哪一块吗？”“我知道，就是有一棵树的那个？”“对的，那棵树就是我最好的朋友！”“为什么呀？”“因为遇到一些开心的事或者是小难过，我都会和树说说话，虽然它可能听不懂，但每次说它都不会笑我。”“那你知道你和树说话叫什么吗？”“叫什么呀？”“叫倾诉！倾诉的力量是巨大的，你说的每一句话都可以顺着大树直达地底，你说的所有话土地会与你分享，树枝会与你分享，所有和树相关的都会与你分享和分担。就像你现在，你跟我说话，我回应了你，不开心的事有安慰，开心的事我们一起分享喜悦。你愿不愿意把我当成你的那棵树啊？”“嗯，我愿意，以后有事就跟您讲，如果要是每节课都能踢足球就好了！”“每节课踢足球不可能，但你可以通过你的努力进入校足球队，这样就可以每天踢了。”“那好，我争取下学期进入校队。”

我愿意成为孩子们倾诉的那棵树。

一块小小的糕点，牵起了我们。不分彼此——真好！

暖心的“小太阳”

颜婷婷

学习《千人糕》这篇课文时，孩子们重新理解了：一块糕点背后的故事却是各种辛劳的付出！为了让他们对“果实”理解得更深入，我决定让他们尝尝“千人糕”。而正巧又遇到小组评价“奖励”，我想那就把“奖励”和“学习”一起进行吧！

我购买了一些“发糕”奖给学生们。首先是挑选奖励，由小组名次决定挑选先后顺序，挑选口味。轩的组，排名靠后，等到他的组，也就没什么选择了。轩此刻并没有在人群中排队，而是低着头，坐在位置上嘤嘤哭着，我闻声走上前询问，谁知他更伤心，号啕大哭起来。我故意笑着说：“哦，你不想我坐你旁边？”倔强的他没看我，默默收拾书本。我再次说道：“还有这么多糕，你怎么不选？”他抬眼看向了“奖品”，我伺机询问原因，最后泪眼婆娑地说是因为没有喜欢的“红糖味儿”了。我笑了起来，摸着他的头：“那你下一次得前几名好不好？”轩不好意思地看了我一眼。此时，有爱的小伙伴得知此事，把自己的“红糖味”分了三分之一给他！真好啊！轩，拿着三分之一“红糖味”和自己的那块，擦干眼泪，笑着说谢谢。

学生就是这样地单纯，乐于分享。更让人开心的是，第二天一早我值周，晴拿着一盒“小李发糕”跑我跟前，说:“昨天看你没吃，送你一盒！”我惊讶地看着她:“你真细心，但我吃了早餐，谢谢你啊。”晴生怕我不要，拼命往我身上推:“拿着，拿着。”一心不想打击她的爱心，婉拒半天。晴懂事地说:“我特意买给你的！”说完就跑开了。懂事的孩子身上总有那么一道“光芒”，就像暖心的太阳。谢谢你记着我！

我与孩子都有一个梦想，而学校就是实现梦想的地方。

有温度的啦啦操馆

王 烨

每当看着啦啦队的宝贝们那热情四射的表情动作时，我就会想起那间明亮宽敞的啦啦操馆。2012年的3月，我从一年级的孩子里挑选了24名小队员，组建了啦啦操队。那时没有室内场馆可用，我们就在操场的水泥地上训练，校园的花草见证了孩子们的成长，也有一位默默关注着我们的人。2012年5月，啦啦操队的孩子们在督导评估中用精彩的表演赢得了热烈的掌声。

一天，走在校园的路上，碰到张校长刚好从我身边走过，他叫住了我："王烨，学生们很喜欢啦啦操。""谢谢张校长！""就是训练的地方不太好。""是的，张校长，地太硬，容易伤孩子们的脚踝和膝盖，又没有镜子，孩子们看不见自己的动作和表情。""那就建一个啦啦操馆给孩子们吧！让更多的孩子有机会接触它。"我看着张校长，感动得不知道该说什么，不停地说谢谢您！谢谢您！他笑着说："谢什么，这是学校的工作，也是我的工作。"

那年8月，我们获得参加全国健美操比赛的资格。通过孩子们的努力，我们获得了那年全国健美操比赛小学组一等奖。校长，让我与孩子们都实现了自己的梦想。

所有的希望与憧憬都放进神奇的口袋。

神奇口袋

熊　茵

随着课文难度有所增加，课堂上也会出现一些有难度的问题。每当我提出稍有难度的问题时，举手发言的同学寥寥无几。“你来说，你一定想到了！”“你最聪明了，你来试试吧！”鼓励的话语没少说，可被动的发言总不是长久之计。

是问题太难，超出了学生能力吗？我认为不是的，我们班确实是有一部分学生性格内向，不太敢主动交流。但是，最根本的原因还是缺乏开动脑筋这种优秀的学习品质。

一天，语文课上，我像平时一样抛出了一个有难度的问题，仍然满怀期望地等着同学们回答。果不其然，同学们又像约好了一样，逃避着我的眼神，举手的还是那几位。唉！在心里轻叹一声后，我请余姗姗同学回答，她的答案出奇精彩。我激动地想：给她什么奖励好呢？手不自主地往荷包里掏了掏。昨天同事给我的一颗巧克力正躺在我的荷包里，还是进口的。我大方地掏出这颗巧克力送给了余姗姗，并狠狠地表扬了她一番。再看看这时其他同学那羡慕的小眼神，我心想：有办法啦！

从那以后，每天的语文课上，我都会提前往荷包里放些糖果、巧克力、奖票、小橡皮、粘贴纸……谁也不知道我会奖励哪位同学，也不知道这时的口袋里藏着什么好东西。当同学们看我变戏法似的奖励善于动脑、积极发言的同学时，简直点燃了孩子们心中的“小宇宙”。孩子们特别期待能通过自己的表现得到来自“神奇口袋”中的小礼物,纷纷争着说，抢着说。

小成本，大回报，这笔“买卖”我可是赚到了。

用爱惩罚她

许　敏

星期天一大早，我就被一阵急促的门铃声吵醒了。门刚打开一条缝，一只浑身卷毛的小狗被文雨双手抱着挤进门来，“老师！原来您不是说特别喜欢小动物吗?瞧！这是我送给您的教师节礼物！喜欢吗？”看着脖子上还系着粉色蝴蝶结的可爱小狗狗和文雨兴奋又充满期待的眼神，我连连点头:“喜欢，喜欢，它太可爱了！”霎时，一种幸福感充溢心胸。

文雨上初中了，今天还有课，放下小狗，叮嘱了我几句，就急匆匆地走了。送走了文雨，抱着这只毛绒玩具一样的小狗，我不禁想起了三年前的往事……

那时的文雨，是个让所有任课老师头疼的学生。上课从不听讲，作业能不做就不做，和男生打架还骂人，甚至顶撞老师。老师的疾言厉色、同学的冷嘲热讽、爸爸的纵容溺爱渐渐地造就了她孤僻、偏激、自我的性格。一次，英语课上，她不听讲，公然在下面画画。还不理睬老师的提醒，顶撞了老师。被几名学生“押送”到我这里来。看着她那双大大的眼睛里已蓄满了泪水，我的心一软，轻轻拉起她的手，安慰着她:“文雨，先坐下来，静一静。”过了许久，我看她心情平复了一些，才走过去对她说:“老师知道你心里难过，他们不该那样对你。”

“老师，我知道，你们都不喜欢我，觉得我是一个坏孩子！”文雨哽咽着。

“不，谁说的，我喜欢！”

文雨抬起头，不相信似的看着我，我伸出手掌，对她说：

“文雨，老师愿意做你最好的朋友，我向你保证，我会把你变成所有人都喜欢的好孩子！”

到底还是孩子，很快文雨破涕为笑，两个手掌紧紧地拍在了一起……

第二天一上课，我就发现文雨课桌上的文具摆放得整整齐齐，我对她赞许地一笑，文雨看我的眼神也多了几分亲近，我对全班学生大声宣布：“今天的课前准备文雨做得最好，瞧她的课桌收拾得多干净，所以我要奖励她一颗小红星！”“好！”学生们异口同声叫起来。文雨有些不好意思了，那小脸上流露出难得的惊喜与快乐。那一节课，我做了一回“偏心”的老师，凡是文雨会答的问题，我一律留给了她，尽管有些问题她回答得不是很好，但我还是尽可能地表扬了她。把我弄乱的彩色粉笔和白色粉笔分盒装好；她的画画得真好，帮我制作的图片教具，逼真可爱，制作的板报精美；她跑步可快了，体育运动会上她还拿到了100米短跑第一名的好成绩……

没有疾言厉色的训斥、没有苦口婆心的教导，但文雨真的变了，变得友善了，变得自信了，变得快乐了。文雨的改变，让我领悟了教育的真谛，那就是爱，是“爱”改变了她！是“爱”架起了师生沟通的桥梁，是“爱”呵护了孩子那易伤的心灵。我们的孩子还有许多地方不够完美，需要我们一再去指导、去督促；我们的孩子也具备了那么多的优点，等待我们去发掘，去赞美。

几个月后，那位曾经把文雨赶出教室的老师问我：“你用什么方法惩罚的文雨，让她改变了那么多？”

我告诉她：“我用爱惩罚了她。”

“呜，呜——”小狗轻声地叫着，一双乌溜溜的眼珠盯着我。我拥紧了它——这份爱的礼物！

老师也好在意你们的肯定。

南湖“悦读会”的那些事儿

赵 恒

在2016年那个春暖花开的日子，我们拥有了南湖“悦读会”，至今她已陪伴我们走了四期。学生们在“悦读会”里畅谈读书心得，畅读佳作名篇。

学生们尽情讲述《最后一头战象》《狼图腾》《第七条猎狗》；娓娓道来《林清玄散文集》《风会记得一朵花的香》《朝花夕拾》；敬仰赞叹《居里夫人》《孔子的故事》……

每次学生们聊完，我也经不住和他们分享自己看过的书。讲到鲁迅写的《药》——老栓夫妇为儿子买人血馒头治病。学生们听着手捂着嘴，紧皱着眉头，深叹“还有这么愚昧无知的事”！讲到萧红写的《同命运的小鱼》：那条已被破了肚子，肠子流出一半的鱼在砧板上头拱尾翘地挣扎。学生们听着啧啧咧嘴，仿佛如萧红般身处这血淋淋的场景而不知如何处置这可怜的鱼。节选了《生死场》中关于村子里“坑”的描写：下雨天，涨满水的坑会“吃”东西：吃牲畜，吃小孩。慢慢地坑快干了，仍“吃”东西，往往“吃”下去的东西需要旁人泥泞泞地生拽出来。

学生们很期待我为他们分享自己读过的书。慢慢地他们觉得参加“悦读会”很轻松，没有压力而且特别有意思。可以无关对错地畅谈自己对文学作品的看法，可以对不理解的情节肆无忌惮地发问，可以什么也不说，闲云野鹤般地坐在那里当观众……

直到有一次，有学生说：“赵老师，我好喜欢来参加‘悦读会’，你讲的书好好，我都照着去买了。”“我来了三次了。”“我也喜欢来！”当时，被突然这样的“告白”感到有点惊慌失措。调整了一下激荡的心绪，我对孩子们鞠躬：“谢谢‘导师们’的肯定，我将继续努力，带给大家更好的作品。”满堂哈哈大笑，那一刻我们彼此都留下了温暖的感动。

我想再写一遍

陈　妍

今天是上交书法参赛作品的日子。

可是，部分交上来的作品明显没有平日在学校里的书写质量高。

批评一顿？让他们重写吗？

…………

镜头（一）

“陈老师，我写了三份作品，您能帮我看一看，哪一份作品最好吗？”雯雯从我身边走过，双手递上一个文件袋，我从她弯弯的眉眼中读懂了她的恳切。“嗯，你真用心，我一定认真帮你挑！”摸摸她的头，我瞬间有了主意。

镜头（二）

“这次比赛，班上有四位同学都写了三份作品让我从中挑选。”

说完，我把他们的作品高高举起，一一展示给同学们看，邀请他们讲讲完成作品背后的故事，掌声响起时，我看到了几个不安的眼神……

镜头（三）

“哦，我这里还有一些书法作品的纸。哪位同学想重写的可以来找我领。”话音刚落，就有几个同学走上讲台，“陈老师，给我一张……”

镜头（四）

学生们一个个端坐在自己的座位上拿起笔，专注地写着……

平日一向书写不怎么上心、又时常偷点小懒的小婕走到我身边：“陈老师，我……我也想重写一遍……”

抽出她原来写的一份，我笑着对她说：“这一份写得还不错呀。”

“我还是想再写一次。”

“好，你来挑书法作品纸的纸样吧。”我欣然点头。

下班前，小婕将她第二次写的作品递到了我的办公室，果然比第一次更用心，更漂亮。

镜头（五）

参赛作品整理好了，同学们互相欣赏着、互相夸赞着。

随后，我将这些作品拍照上传到了班级相册，家长们纷纷点赞。

镜头（六）

“做事，就要用心。要么不做，要做就做到最好！”

“一次书法比赛，它的意义难道仅仅是为了获取一张奖证吗？不，我更愿意在这翰墨丹青中习礼明道。”

…………

接下来的几天，我在学生校园故事的随笔里，读到了上面的文字。

一把粉色梳子，梳齐午睡后的乱发，更梳理了成长路上的点点滴滴。

一把粉色梳子

胡安娜

中午，起床的铃声响起了，学生们陆陆续续地起床了，等他们摆好各自的躺椅，我也清理好自己的东西准备回办公室。这时，小Q同学（女生）兴冲冲地拿着数学书跑过来问我问题，我注意到她那张白皙可爱的娃娃脸，同时还发现那高高竖起的小辫，由于午睡，皮筋松了，小辫子散了，几缕头发耷拉下来，挡住了她那双清澈明亮的大眼睛。我再环顾全班，看看班里的其他女生，也有好几个女生和她一样，头发乱蓬蓬的，小辫儿也歪了……

我解答完小Q的问题，接着对她说："孩子，你把我抽屉里的那把粉色梳子拿过来！"她听了这话，突然一愣，但是立马又回过神来，跑去了我的办公室。不一会儿，她手里拿着我的那把粉色的梳子来了，我接过梳子，让她转过身去，熟练地给她扎起了小辫儿，扎好了辫子，看起来有精神多了。她看着我，脸上露出了甜甜的笑容。接着，我又叫过来其他几个女生，一个一个帮她们梳好了辫子……顿时教室里叽叽喳喳，同学们个个开心得不得了。整理完她们的头发，我把那把粉色梳子默默地放到了班上的储物柜中。后来，每次睡觉起床，我都会花几分钟时间帮孩子们梳小辫儿，这把粉色梳子成了全班女孩子们的最爱。

自从那次以后，我发现了班上的一些微妙的变化，渐渐地，上课讲小话的人变少了，一些上课不专心听讲的孩子变得爱发言了，一些不认真完成作业的孩子作业变得工整了……

我发现，原来这是一把神奇的梳子，它让我收获了孩子们的信任和喜爱！

小短袜

熊　茵

武汉这几天一直下着雨，时而细如牛毛，时而倾盆而下。虽说是晚春，但还是让人感觉到阵阵寒意。早上出门上班时，望着窗外豆大的雨滴，我特意给自己多带了一双球鞋，以备不时之需。

上午三四节课进行语文连堂考试。考试进行了一半，突然瞟到坐在第一排的小玥同学竟然脱了鞋，还把小脚丫搭在课桌腿上有节奏地摇摆着，白色袜子看起来脏兮兮的。考虑到孩子们还在考试，我走到她跟前，轻敲了下桌子，用眼神示意了一下。小玥立刻将小脚丫塞进了鞋子里，头也没抬继续考试了。

吃完午饭，我正准备休息。一个小脑袋探进来，原来是小玥。“熊老师，对不起，早上下雨时袜子打湿了，有些难受我才脱掉的。”是啊，这个孩子自尊心强，对自己要求很严格，老师们很少批评她，唯一让人对她不太满意的就是与人相处时她总是想到自己多一些，一般不会主动关心别人。今天考试中出现这样的纪律问题确实让我很意外。

我赶紧请她坐下，脱下鞋子，这下看得更清楚了，哪是不太干净，分明就是被水浸湿了变了色。我有些自责起来，自己太不细心了，孩子穿着湿鞋湿袜子整整一上午呀!

“快告诉我你妈妈电话，让妈妈给你送袜子和鞋来。”

“不行，外公住院了，妈妈早上送我来上学后就要去医院照顾外公，肯定没时间给我送鞋袜。”

小玥爸爸是船员，常年在海上工作，一年很难回来几次。看来，小玥妈妈真的是忙不过来了。

快到午睡时间了，我先把我的备用球鞋给她穿上。虽说有点大，但总比湿鞋子强，嘱咐她午睡盖好别着凉后，我打着伞来到校门口的儿童服饰店给她挑选袜子。小女生嘛，我专门挑选了一双粉色绣着小花图案的袜子。拿到袜子的小玥露出了甜甜的笑容，穿上了袜子对着我乐呵呵地说：“好舒服呀!”

第二天一早，小玥背着书包来到办公室，从荷包里掏出了一双全新的袜子递给我：“熊老师，这是还给您的新袜子。”“哈哈，不用了，这小孩子的袜子我也穿不上呀！”“那就暂时先放您这儿吧，下次有同学袜子打湿的时候还可以用得上的。”

我心里感到一丝丝欣慰，小玥开始学会关心人了呀。我端详着这双袜子，袜子真漂亮，淡淡的米黄色，袜筒上绣着一颗小小的红心，分外醒目，格外暖心……

李老师的奖励不一样哦！

（3）班的颁奖大会

李梦婕

自打孩子们入学以来，每个月我们班都会举行一次隆重的“（3）班颁奖”。颁奖的对象则是这段时间在学习生活中、日常规范中都表现特别棒的孩子。刚开始我会奖励孩子们一些小本子、铅笔、书签类的小礼物，但随着孩子们年龄的增长，这些奖品慢慢失去原有的魅力了。一番思量后，我决定施展魔法，让我的奖品重拾魅力，让学生们惊喜不断……

就在一次颁奖大会结束后，我又看到了一张张无精打采的脸，于是我清了清嗓子，故作神秘地宣布:“孩子们，从本月开始，凡是获得‘学习小能手’‘月度明星’等称号的同学将获得一次抽奖的机会。不过奖品可是和以前大不相同的，至于究竟有哪些奖品嘛，由你们自己决定，老师不限制。现在大家可以把自己最想得到的奖品写在小纸条上，一经采用还有重奖！”此话一出，孩子们开始热烈讨论，我知道他们被彻底“激活”了，只见他们个个冥思苦想，兴致勃勃，不到五分钟，讲台上堆满了孩子们交上来的“奖品愿望纸条”，原来孩子们早就对小本子、铅笔失去兴趣了，他们更希望得到的奖励是:“今天免做一次作业”“老师请我吃冰淇淋”“班本活动做我喜欢的游戏”“和校长合影”……看到奖品内容更让我不由得会心一笑，大部分孩子自创的奖励都被我采用了，我制作了抽奖箱，把这些抽奖券通通装了进去。从那以后，每个月的抽奖日成为了我们班所有孩子翘首以盼的日子，打开纸条的那一瞬间也成为了我们班最激动人心的时刻。孩子们为了获得这些特别的“奖品”，在平时的学习活动中，个个你追我赶，班上形成了良性竞争的气氛，我也打心底里高兴！

荡得再高的秋千也有落下之时，我愿做她背后给她动力的人，一次次将她从低谷推起。

秋千上的篮球

桂亚军

每每走过操场上秋千的时候，我总是不经意间地想起那个阳光明媚的下午。那是我教篮球专业课的第一年，每节课站队时我总能发现一个叫王××的女生坐在秋千上面不站队。起初我一直认为她贪玩，不愿意站队，我也总想着小孩子嘛，贪玩点正常，也没太在意。直到有一次，我连续叫了她好几次，她还是赖在上面没有下来的意思，我和她僵持了几分钟后也实在没辙，于是我安排好学习小组练习的任务，走到她身旁，耐心地问道："你为什么不下来，你不知道已经上课了吗？""知道啊，我就是不想下来。"她若无其事地回了句后继续荡着秋千。看着她没有下来的意思，我就准备吓吓她，希望把她从秋千上赶下来。"那我给你拍张照发给你爸爸，让他看下你是怎么上课的。"边说着边掏出了手机。"好啊，你去天堂找他呀！"听到这句话后犹如晴空霹雳般，我心里五味杂陈，说不出的滋味。

秋千，代表动荡的生活，不安而孤独。接下来的日子里，我每次上课都早早地来到操场将一个篮球放在秋千上。开始的时候她会不耐烦地将球丢开或踢走，后来她也慢慢地习惯了篮球的陪伴，她抱着球荡着秋千，抑或将球放在脚下随意踢弄，看着她渐渐习惯了球的存在后，我就借机在一次练球的时候，故意将球运掉，然后吐槽自己老了球技变差了，得好好练练，接着若无其事地走到她旁边，坐在秋千上练起了原地运球，荡起了秋千，这样又有了高低运球；再将球从秋千这边运到那边，就有了运球过障碍物；然后荡起秋千，就有了不同的具体高度；找一个学生去我对面接球，于是就形成了不同距离的传接球；最后径直走到跑道上玩起了我的绝活连续交叉胯下运球。

也许是出于好奇，也许是因为不服输，她也在秋千上偷偷地练起了我展示的内容，每次我偷偷装作没看见，但内心比谁都开心。一段时间后我偷偷地带着同学们去观看了她的秋千篮球，连班上的篮球小明星们也无一不被她那高难度的运球给惊呆了，都跑到秋千上跃跃欲试。正是这次的成功让我们走得更近了。

是潘多拉盒子里飞出的“神奇的兔子”，化作爱揉进我们的双眼，化作暖流淌过我们的心田。

阿甘的巧克力

梁　惠

今天的我如往常一样迈着轻盈的步伐提前来到教室。在我走进教室的瞬间，角落里的“一抹红”突然吸引了我的注意。定睛一看，原来是内向的曾同学躲在角落里抽泣。一向不愿引起别人注意的她怎么会突然在教室里哭呢？直觉告诉我一定是发生了“天大的事情”，我立马走了过去：“怎么啦？发生了什么事情？是受了什么委屈吗？”她抬起头，眼泪汪汪地看着我，半天说不出话来。于是，我拿过纸巾，一边帮她擦眼泪，一边摸着她的头帮她舒缓情绪。她这才开了口：“Vivian，你家能收养小兔子吗？我家里有一只小兔子，很可爱，养了很久了，爸爸妈妈现在要把它送人，今天我必须找到一个愿意收养它的人，不然他们就把它丢掉。我问了好多人，大家都不能养。”她越说越伤心，竟哇哇大哭了起来。看着可怜的曾同学，我的脑袋里思想斗争异常激烈：不答应吧，见她这么伤心无助；答应吧，等我上班的时候，小兔子怎么办？

作为老师，怎么忍心看到孩子如此伤心落泪。此刻我恨不得马上就把小兔抱回家，让她能开心起来。理性在感性面前有时就是这样不堪一击。“没问题”三个字从我嘴里竟蹦出得如此坚定。她立刻破涕为笑，一向含蓄内向的她跳起来抱住了我，“您是天底下最好的老师。”我知道，那一刻我的光芒比太阳还要耀眼。

后来我找到我家楼下一位奶奶收养了小兔，但我每天下班都会去看看它，拍拍照，并向曾同学“汇报”。一只小兔，让我和她的沟通更融洽了，她对我更信任了，小兔成了我们感情的纽带。我们常常一起谈小兔，谈学习，谈梦想，原本内向的她也更开朗起来。渐渐地，我惊喜地发现她的进步，她上课时的认真，作业上的工整字迹，发言时的自信，这一切让她越来越耀眼，也让我对她美好的未来充满了信心和期待。

和孩子们在一起的日子有时就像《阿甘正传》里的巧克力盒子，你并不知道里面会是什么，而它的奇妙就在于这里，给你的并不一定是你能想到的，但是只要有心做有温度的教育，你一定会收到意外的惊喜。

一场专属于她的毕业典礼，是给她陪伴，送她一段回忆；她回我们一个水杯，一颗纯净的心灵。一段人生的相遇，成就我们彼此的美好！

为一个孩子举办的毕业典礼

田 莉

“请给我孩子一个毕业典礼，好吗？”面对一位智障儿母亲的请求，我无法拒绝。“好的，下下周，我们好好准备一下。”

离小学毕业还有一个月，班上学生小雪的妈妈找到我。小雪是个非常特殊的女孩，智力发展到六岁就停滞不前，因为在其他学校受到排挤，无奈之下在二年级时转入我校我班就读。第一次见面，她妈妈就拿出诊断书，跟我介绍了孩子的情况。由于父母的疏忽，孩子智力停滞不前，感统严重失调。父亲因此对孩子不太待见，母亲不到四十，已头发斑白。

相处下来，我发现这孩子极粘人，充满爱心，总爱牵着低年级的弟弟妹妹们玩，也许跟他们更有共同语言。我让班里的同学们像对待弟弟妹妹一样对待她。我还发现她有一副好嗓子，只可惜智力受限，没法识谱，她学歌都只能靠听。为了让同学们看到她的优点，“六一”时，我帮她排练，特意让她主唱《同一首歌》，其他同学伴舞。因为学习有困难，一年到头，她最盼望的就是“六一”和春游。每年春游，我们都带上她，牵着她，生怕她走丢；“六一”儿童节的演出，我也绝对会在舞台上给她留下一角。几年下来，我让同学们轮着跟她坐，帮助她，同学们从没嫌弃她，哪怕她有时上课会呼呼大睡，有时会尿湿裤子，甚至是作为女孩初发育的生理期，她也不懂，我像妈妈一样带她去厕所一一教她。

一起走过的一幕幕，立即浮现在我的眼前。我征得同学们和家长们的支持，决定为她提前办一个毕业典礼。那天班会，我在班级里播放着提前准备好的曾经一起活动的照片，孩子们拿着亲手制作的礼物。她妈妈手捧着鲜花，拎着个大大的包裹，带着她走进教室。看到那一张张照片，看着同学们纷纷送上的贺卡、纸花、木雕、拥抱……她妈妈早已泣不成声，“感谢老师和同学们对小雪的帮助与陪伴，让她能健康快乐地度过了小学的时光。以她的情况，不太可能上初中……遇见你们，是小雪的幸运……”一旁的她，脸上洋溢着幸福的笑容。小雪送了我们每人一个水杯，水杯上有她的大头贴，还用不太工整的字迹写着每个同学的名字和祝福语。这让我们震惊，要知道，写一个字对她来说有多难。这是她妈妈扶着她的手，花了近两个星期才完成的，歪歪斜斜的字里饱含了说不尽的情谊，我和孩子们也泪流满面。

因为有了我和孩子们的陪伴，她有了一个快乐的童年，有了一段美好的回忆，有了属于她的毕业典礼。投之以桃，报之以李，一段人生的相遇，成就我们彼此的美好！

简单爱

朱玖红

想到你，脑海总是浮现出你淡淡忧伤的脸，这不该是你这个年龄该有的模样。可是，那天，你笑了，我也笑了……

早读看到你的座位没人，以为你又迟到，等到早读结束，依然看不到你的身影，于是拨通了你爸爸的电话，原来是你一个人在家里睡过了头。爸爸从单位回家将你送到学校已是十点，想到你的爸爸妈妈离婚，想到你单独跟爸爸住在一起，想到你爸爸没有时间陪伴你，我是又生气又心疼。

午餐吃鸡蛋炒饭，那可是学生们的最爱，大家抢着加饭，最后饭打光了，我也没吃上饭。我正埋头坐在讲台改作业，突然，你将一盒“小李发糕”递到我跟前说:“老师给您吃。”“我不吃，你留着晚间餐吃，谢谢！”我委婉地拒绝了。“老师，早上他来晚了，没有吃早饭，这是我给他吃的。”另一个学生说道，我一愣。“我中午吃得很饱，老师您中午没吃饭，您留着吃吧。”你小声地说道。一盒“小李发糕”传递着同学之间的爱，还有你对老师的爱。此时，一股暖流流入心间……

我再也无法拒绝，伸手接过那盒小李发糕，看见你笑着回到了座位，我也笑了……

让孩子影响孩子，也许是一个好办法。

儿子的功劳

徐仲书

学校要求每个行政都要下到班级中定点帮扶一名学生。

我选择了四年级的一个男生，因为老师和他的家长经常会在学校见面协商如何帮助他跟上正常的学习进度。

到班级中，我悄悄地观察他在课堂上的学习状态以及课间游戏的状态，发现他课堂上能够注意力集中的时间在20分钟左右，超过这个时间就如同板凳上有钉子一样坐不住了。课间游戏时他带着几个男孩子模拟电脑游戏中的角色，玩得不亦乐乎。

我了解了基本情况。找了个机会约上了孩子的父母，跟他们谈了我的想法，放学后，让他的孩子跟我儿子（也在上四年级）一起在我办公室里完成作业再回家，时间为30分钟。家长感激地答应了。

回到家里，我告诉了儿子这件事，并告诉他要像原来一样，别的同学怎么做，你都不要理会。

第一天，我在门外，听到他的板凳不断地响，还唱歌……第二天也是如此。第三天板凳没有响了，快到半个小时，我才进办公室，我看到他安静地坐在那里做作业，而儿子在看书。

一周过去了，他总算能在30分钟里完成作业了。我私下跟他的父亲要求再晚10分钟来接。我从图书馆借来了科学、地理、历史等对男孩子有吸引力的书放在了办公桌最显眼的地方。

今天周三，是无作业日，我行政值周。等我对所有教室进行完安全检查后回到办公室，看到两个小家伙挤在一起安静地看着同一本书。我笑了。临走时，他找到我，要求把书借回去看，我答应了。

这样每周他都会来换一本书，持续了两个多月。

当我再次约他的父母见面跟他们说可以回家做作业时，他的父亲问我，怎么做到让孩子回家不找他开电脑玩游戏，而是到家就看书的。我微笑地告诉他，那是我儿子的功劳。

幼小的心里，被植入团队的意识。努力，孩子们。

志气，不是稚气

吴远森

很早之前看过一部叫《志气》的台湾励志电影，它讲的是关于拔河的故事。其中有一句台词让我印象特别深刻：很多运动比赛都需要我们一步一步往前进，只有拔河，它需要我们一点一点往后退。当时看的时候，反反复复地琢磨这句话，到今天，我自己的学生参加秋季运动会拔河比赛时，我心中依然悸动。

每次的秋季运动会最好看的项目，拔河绝对算一个。我今天中午在教室里跟孩子们总结的时候说，这个项目能够让人看到你们稚嫩的勇气，你们团结的力气，更是你们面对困难努力坚持的志气。他们沉默不语，眼睛静静地看着我，我不知他们是否听懂了，但总归是听到了。

今天与三（A）班比赛，真的不容易。比赛前，为了鼓舞士气，我拉着20个人的手聚在一起喊：三（B）班，加油！这口气，要提起来。上场了，第一局僵持了一会儿，绳子被拉扯到好远好远，孩子们的步伐也跟着绳子往前进。前进，也就意味着输了。对手的欢呼响在耳侧，孩子们的脸上显得有点失落。交换站边，我再次拉着团队的手，一起呐喊，气，不能掉。只是这一次，有些孩子的手没有伸进来，悻悻地站在队尾，无神地准备第二局了。“预备！”“倒！”我接着裁判的预备，大吼一字，二十个身影瞬时向后倒去，依然不容易：前列的梁景一因为用力使劲，整个脸十分扭曲；一向美丽可人的陈可心，牙齿咬着双唇；耳边都是梁昊泽的鞋底摩擦地面的声音——大家都在拼，都在拼！二十个人一点一点地往后退，他们一点一点地向我远离，终于，赢了！还是欢呼，只是这次欢呼的声音很熟悉，很入耳。第三局，依然沿用第二局的战术，拼到了最后一刻，2比1，最终我们赢了。

要赢下拔河，靠的不是一个人有多强，而是靠一个集体，一群稚嫩的孩子。他们靠的是存于心间的志气，志气是前进，也是后退。